작은 교회
새롭게
다시 보기

작은 교회
새롭게
다시 보기

지은이 | 장명수 · 염두철

펴낸이 | 원성삼

책임편집 | 이보영

펴낸곳 | 예영커뮤니케이션

초판 1쇄 발행 | 2015년 12월 21일

주소 | 136-825 서울시 성북구 성북로6가길 31

전화 | (02)766-8931

팩스 | (02)766-8934

홈페이지 | www.jeyoung.com

이메일 | jeyoung@chol.com

등록일 | 1992년 3월 1일 제2-1349호

ISBN 978-89-8350-929-1 (04230)
       978-89-8350-849-2 (세트)

값 12,000원

이 도서의 국립중앙도서관 출판예정도서목록(CIP)은
서지정보유통지원시스템 홈페이지(http://seoji.nl.go.kr)와
국가자료공동목록시스템(http://www.nl.go.kr/kolisnet)에서 이용하실 수 있습니다.
(CIP제어번호 : CIP2015030163)

작은교회 새롭게 다시보기

장명수 · 염두철 지음

예영커뮤니케이션

🦋 추천사

몇 년 전, 교회 개척 성공률이 10%라는 이야기를 한 적이 있다. 개척한 교회들을 보니 약 10% 정도가 성공한다는 것이다. 그런데 성공이라는 말도 어불성설이다. 정확하게 말하면 생존률이라고 하는 것이 옳다. 그런데 요즘은 개척 성공률이 5%라는 이야기를 한다. 개척 교회가 100개이면 약 5개 정도가 살아남을 수 있다는 말이다.

이러한 시대에 교회를 직접 개척하여 살아남은 두 친구가 있다. 이 책의 저자인 장명수·염두철 목사이다. 그들은 어릴 적부터 친구로 지냈고, 함께 목사가 되었으며, 그 후에는 서울과 일산에서 각각 교회를 개척했다. 이들은 같은 뜻을 품은 동역자로 서로를 격려하고 북돋으며 지냈다. 그런데 같은 마음이어서일까? 그들은 많은 이야기를 함께 나누고 생각을 키워 갔다. 그리고 이것을 책으로 옮겼다. 자신들과 같은 심정일 작은 교회 목회자들과 이 뜻을 함께 나누고 싶었던 것이다.

감사한 것은 이 책의 내용이 교회 개척 성공담이 아니라는 점이다. 하나님의 은혜로 개척 5년 만에 몇 명을 이루었다는 성공담이나 어떤 프로그램을 도입하여 성도가 갑자기 늘어났다거나 혹은 손에 가진 돈은 없는데 건물을 사거나 건축을 했다는 이야기가 아니라는 점이다. 오히려 이 책은 서로 아픈 마음을 나누며, 힘들고 어려웠던 이야기를 적나라하게 드러낸다.

또한 이 책은 뜬구름 잡는 이론서가 아니다. 학자들이 나서서 이렇게 하면 성공할 수 있다고 강권하거나 소위 성공했다는 목회자의 성공 비법을 전달하거나 원로 목회자가 점잖게 목회 원리를 말하는 것이 아니라 직접 몸으로 부딪쳐 본 목회자의 경험담을 담았다.

본 저서는 "김승태기금 출판지원 프로젝트"에서 시상한 원고를 출판한 것이다. 고 김승태 장로는 예영커뮤니케이션의 대표로서 한국 교회의 문화 발전에 기여한 공로가 크다. 특히 그는 출판사를 운영하면서 기회를 얻지 못한 국내 저자를 발굴하여 저서를 낼 수 있도록 도와주었다. 그를 통해 한국 교회에 꼭 필요한 책이 나왔고, 유명 저자로 발돋움한 이들도 많다. 그는 자신을 "드림빌더(Dream Builder)"라고 소개하는 것을 즐겨 했다. 꿈을 지닌 이들을 도와 그들의 꿈을 현실로 만들어 주고자 했던 것이다. 이런 뜻을 기려 작은 돈이지만 "김승태기금"을 마련했고, 그 첫 사업으로 원고를 공모하여 여러 작품 가운데 이 원고를 최고로 뽑아 출판하도록 지원했다.

이 책이 작은 교회에서 분투하며 하나님 나라를 현장에서 이루어

가는 목회자들에게 도움이 되기를 바란다. 더 나아가 교회 개척을 준비하는 이들에게도 유용한 안내서가 될 수 있기를 바란다. 목회의 현실을 나누고 이들의 마음을 나누게 되면 작은 교회의 현장이 결코 좌절의 현장이 될 수는 없을 것이다. 오히려 그곳은 주의 종이 하나님을 만나는 모세의 호렙 산이 될 수 있을 것이다. 이 아름다운 마음과 비전이 이 책을 읽는 모든 이에게 함께하기를 기도한다.

거룩한빛광성교회 담임목사
정성진

목차

✦ CHAPTER 3   우리가 서로 사랑하자

❦ 프롤로그

잃어버린 길을 찾아서

부흥과 성장의 바람이 멈춘 지금, 오직 교회 성장만을 목표로 삼고 달려오던 많은 목회자가 길을 잃은 듯하다. 방향감각을 상실한 채 어디로 가야 할지 우왕좌왕하고 있다. 우리도 그 속에서 길을 찾고 있었다. '우리는 어디로 가야 하나?' 만날 때마다 서로에게 길을 물었다. 에머리 네스티(Emery Nester)의 "함께 가면"이라는 짧은 글이 길을 찾는 우리의 가슴에 와 닿았다. 그 글은 이렇다.

어떤 사람이 황량한 벌판을 걷다가 길을 잃고 헤맸다. 그때 다른 사람을 만났다. "선생님, 길을 잃었습니다. 이 황량한 곳에서 벗어날 수 있는 길을 좀 가르쳐 주십시오." 그 낯선 사람은 "글쎄요… 저도 이곳을 어떻게 벗어날 수 있는지 잘 모르겠습니다.

그러나 우리가 함께 가다 보면 아마 길을 찾을 수 있을 겁니다."
라고 말했다.[1]

우리도 함께 길을 찾아 나섰다. 우리가 찾는 길은 작은 교회가 나아갈 길이었다. 누구에게나 교회를 개척할 때는 잘될 것이라는 믿음과 희망이 있다. 그러나 부흥을 경험하지 못하고 침체의 늪 속에 허덕이면 자신도 모르게 탈진하여 엘리야처럼 되고 만다. 지친 엘리야가 모든 것을 포기하고 로뎀나무 아래에 앉아 죽고 싶어 했던 것처럼(왕상 19:4), 많은 목회자가 낙심과 좌절에 빠져 로뎀나무 아래 주저앉아 있다.

사람들에게 희망을 주어야 할 목회자들이 절망에 빠져 있다. 참으로 안타까운 일이다. 침체 속에 있는 작은 교회, 특히 미자립 개척 교회 목회자들의 삶의 궁핍과 영적 상태는 매우 심각하다. '계속 목회를 해야 하나?'라고 고민하면서 더 이상 무너지지 않기 위해 목회의 의미를 찾으며, 날마다 자신과 힘겨운 싸움을 한다.

불의 사자 엘리야도 연약한 인간이었듯이 목회자도 마찬가지다. 당연히 목회자에게도 상처와 아픔이 있다. 충분히 이해한다. 그러나 목회자는 그 상처를 잠시 두고 다른 사람의 상처를 먼저 치유해 주어야 한다. 헨리 나우웬(Henri Nouwen)은 이런 의미에서 목회자를 "상처 입은 치유자"로 표현했다. 목회자는 자신의 상처를 돌보아야 하면서 동시에 다른 사람의 상처를 치유해야 한다.[2]

가슴이 저미도록 아파 본 사람만이 다른 사람의 아픔을 이해할 수 있고, 눈물 나도록 어려움을 겪어 본 사람만이 다른 사람의 고통을 돌아볼 수 있다. 개척 과정에서 이 모든 경험을 하게 된 개척 교회 목회자는 비로소 인생이 힘들다는 것을 알게 된다. 그렇기 때문에 고난 중에 있는 성도를 마음으로 이해하고 불쌍히 여기며 그리스도의 사랑으로 치유할 수 있다.

사도 바울은 힘에 겹도록 심한 고난을 당하여 살 소망까지 끊어지고 사형 선고를 받은 것 같은 상황에서 깨달은 것이 있다. "이는 우리로 자기를 의지하지 말고 오직 죽은 자를 다시 살리시는 하나님만 의지하게 하심이라"(고후 1:9). 우리가 고난 중에 하나님을 의지하면 어떤 일이 일어날까? 바울은 "그리스도의 고난이 우리에게 넘친 것 같이 우리가 받는 위로도 그리스도로 말미암아 넘치는도다."(고후 1:5)라고 감격스러워했다. 우리는 고난 중에 연단을 받고, 하나님의 위로를 경험하며, 고난을 능가하는 하나님의 은혜를 받는다. 그래서 고난은 오히려 유익이다.

우리가 작은 교회 목회자를 생각하며 이 책을 쓸 수 있는 것은 우리도 힘겹게 교회를 개척해 보았고, 그 과정에서 어려움을 겪어 보았기 때문이다. 결국 우리가 그동안 겪은 고된 삶의 경험은 하나님의 은혜이고 선물인 셈이다. 우리는 행복한 목회를 꿈꾸면서, 다른 작은 교회 목회자도 다 함께 행복한 목회를 하기 소망한다.

두 팔이 없고 한쪽 다리가 짧은 중증장애인이지만 가스펠 싱어로서 행복하게 살고 있는 레나 마리아(Lena Maria)는 『해피데이즈』에서 "작은 것에 기뻐할 수 있다면 기뻐할 수 있는 것은 많이 있다."라고 하며 인생을 즐기는 비결을 말한 적이 있다. "작은 일에 기쁨과 즐거움을 발견할 수 있다면 인생은 풍성해진다."라는 것이 그녀의 생각이다.[3]

목회도 마찬가지라고 생각한다. 작은 목회에도 하나님이 함께하심을 깨닫는다면, 언제나 기쁜 마음으로 오늘의 행복을 누릴 수 있다.

우리는 40년 친구로서 목회의 길을 함께 걷는 동역자이다. 평생 같은 길을 갈 수 있는 친구가 있다는 것이 얼마나 행복한지 모른다. 장명수 목사(이하 J 목사)는 러시아 선교를 마치고 돌아와서, 염두철 목사(이하 Y 목사)는 큰 교회에서 사역하다가 각각 서울과 일산에서 교회를 개척했다. 목회를 하다가 힘이 들고 어려울 때면 우리는 만나서 속마음을 털어놓았고, 서로 위로하고 격려하면서 지금까지 지내왔다. 우리는 작은 교회 목회자의 정체성을 비롯해서 작은 교회의 존재 의미와 존재 방식 등 목회하면서 실제적으로 부딪친 문제에 관해 진지하게 논의했다. 쇠가 쇠를 날카롭게 하듯 우리는 서로에게 도움을 주었고, 낙심될 때 위로와 격려가 되었으며, 다양한 논의를 통해 목회 철학을 공유하게 되었다. 그러다가 우리가 나눈 이야기가 다른 작은 교회 목회자에게도 위로와 격려가 되는 것을 알게 되면서 그들과 공개적으로 나누고 싶었고, 조심스럽게 뜻을 같이하여 우리의 생각과 경험을 융합(融合, fusion)해 보기로 했다. 오늘날의 학문에서 자신의 분야만으로는 문제를 해결할 수 없기에 서로 다른 분야 간에 융합하고 있듯이, 우리도 서로의 생각과 경험을 하나로 엮으면서 이 시대의 작은 교회 목회론을 정리하는 기회를 갖게 되었다.

우리의 이야기는 목회 성공담이 아니라 온갖 어려움에도 포기하지 않고 묵묵히 목회의 길을 가고 있는 목회자들을 대변하는 작은 교회 현장의 소리이며, 작은 교회를 향한 응원가다. 이 책의 내용은 대부분 우리가 힘들고 어려울 때 나누었던 이야기이다.

1장에서는 작은 교회가 직면하고 있는 문제들을 다루었다. 성장주의와 물량주의 가치관에 빠져 있는 한국 교회에서 힘겹게 존립을 위해 몸부림치고 있는 작은 교회의 상황과 작은 교회가 가져야 할 정체성 그리고 작은 교회가 나아가야 할 길을 보여 주고자 했다. 또한 현실적으로 작은 교회 목회자로 산다는 것이 얼마나 힘겨운 일인지 구체적으로 자비량의 문제를 두고 논의했다. 그리고 작은 교회 목회자의 자긍심을 회복하기 위해 하나님 앞에서 작은 것의 의미를 찾아보았고, 참된 충성이 무엇인지 답하고자 했다.

2장에서는 작은 교회 목회자를 격려하는 데 역점을 두었다. 먼저 목회자가 흔히 겪게 되는 영적 침체와 탈진의 문제를 다루었고, 목회의 성공과 실패는 세상 기준에 따라 교회 크기나 성도 수, 재정 규모에 의해서가 아니라 전적으로 하나님의 기준과 판단에 있다는 사실을 강조하며 그들을 격려하고자 했다. 또한 작지만 영향력 있는 교회를 만들기 위해 우리가 해야 할 일을 제시하고, 작은 교회가 좋은 이유를 제시했다. 그리고 낙심과 좌절에서 벗어나 함께 사명자의 길을 가며 낮아짐과 섬김으로 목회할 것을 당부했다.

3장에서는 한국 교회가 개교회주의를 극복하고 큰 교회와 작은 교회가 함께 가야 한다는 점을 역설했다. 교회는 세상과 달라야 하고, 서로 배려하고 존중해 주며 사랑할 것을 강조했다. 사도 요한의 "서로 사랑"에 근거하여 공동체성을 회복하자고 했다. 모든 교회는 아픔을 함께하는 한 몸이기에 큰 교회가 작은 교회를 돌보며 동행할 것을 요청했다. 그리고 하나님이 기뻐하시는 연합과 우리가 꿈꾸는 교회에 관해 이야기하고, 서로에게 디딤돌이 되는 길과 교회 개척의 새로운 대안을 제시했다.

우리는 이 책을 통해 목회자 자신부터 작은 교회를 새롭게 보기를 소망한다. 세상 기준과 가치관에 더 이상 휘둘려서는 안 된다. 작은 교회의 정체성을 확립해야 한다. 흔히 생각하는 것처럼 작은 교회는 실패자의 집단이 아니라 그리스도의 몸에 속한 작은 지체로서 소중하고 귀한 존재이다.

우리는 작은 교회의 존재 의미를 매우 중요하게 생각한다. 그 의미를 알면 고난이 다가와도 포기하지 않고 버틸 수 있고, 우리가 가야 할 길을 계속 꿋꿋하게 걸어갈 수 있기 때문이다.

이제 우리는 기대하며 꿈을 꾼다. 무엇보다도 우리가 쓴 이야기가 고군분투하는 작은 교회 목회자들에게 위로와 격려가 되었으면 좋겠고, 작은 교회에 대한 인식이 새로워지며, 큰 교회와 작은 교회가 서로 사랑하고 협력하는 분위기가 이루어졌으면 좋겠다.

작은 교회를 섬기는
장명수 · 염두철

CHAPTER 1

나의
길을 가리라

목사님,
요즘 교회
잘되십니까?

상가에서 개척 교회를 하고 있는 H 교회 목사에게 주변 사람들이 묻는다. "목사님, 요즘 교회 잘되십니까?" 알고 지내는 다른 교회 교인들을 만나도 역시 똑같은 질문을 한다. H 교회 목사는 이런 질문을 받을 때마다 부끄러움을 느낀다. "사업 잘되십니까?"라는 말로 들리기 때문이다. 개척 교회 목회자라면 누구나 이런 질문을 받는다. 어쩌다 교회를 방문한 지인들은 교인들이 몇 명이냐고 묻고는, 그 교인들로 어떻게 먹고 사느냐고 걱정한다.

사람들이 개척 교회를 바라보는 시선에는 문제가 있다. 하지만 여기에 일일이 답하는 것은 어렵다. 먹고 살려면 세상에 나가서 직업을 구해 일하면 된다. 그러나 목회자는 하나님의 부르심을 받아 사명감으로 일하는 사람이다. 먹고 살려고 개척한 것이 아닌데, 생계를 걱정하는 말을 들을 때마다 개척 교회 목회자는 심히 민망하고 초라해지며 '어쩌다 이렇게 되었나' 싶어 근심이 깊어진다.

한 해에 3천여 개의 교회가 문을 닫는다는 말이 있을 정도로 오늘날에 교회를 개척하는 일은 어렵다. 왜 이렇게 되었을까? 한국 교회는 세계 교회 역사상 그 유래를 찾아볼 수 없을 정도로 폭발적인 성장을 이룩해 왔다. 한창 성장하던 1960-1970년대는 목회를 잘하든 못하든 개척한 지 10년쯤 되면 교회를 건축할 수 있었다. 그때는 사람들이 교회에 관심이 많았고, 열심 있는 성도들은 하나님의 일을 하겠다고 자발적으로 개척 교회로 찾아왔다. 우리가 신학 공부를 할 때는 목회를 시작하면 당연히 교회 하나쯤은 세울 줄로 알았다. 그래서 우리의 관심사는 교회보다는 해외 선교에 있었다.

그러나 부흥의 바람은 1980년대 후반부터 잦아들었고, 1997년 겨울에 닥쳐온 외환위기를 경험하면서 사람들은 오로지 경제에만 관심을 두게 되었다. 영적인 세계에 대해서는 완전히 무관심해졌고, 개척 교회의 인적·물적 자원도 현저히 줄어들었다. 그런 가운데서도 개척 교회 목회자들은 대부분 하나님으로부터 받은 소명을 거역할 수 없어 교회를 개척하려고 안간힘을 쓰고 있다. 그러나 아무리 몸부림을 쳐도 상황이 나아질 기미가 보이지 않는다.

부흥(revival)과 성장을 원치 않는 목회자는 아무도 없다. 수많은 목회자가 부흥을 꿈꾸며 교회 개척을 하지만 실제로 개척 교회에서 자립 교회로 성장하는 경우는 극소수에 불과하다. 나머지 목회자들은 세월이 갈수록 생존(survival)을 위해 몸부림치는 상태에 이른다. 개척 교회 목회자는 부흥하지 못했다고 해도 지나치게 자신의 무능을 탓하지 말아야 한다. 교회 개척이나 작은 교회의 존립이 어려운 것은 목회자 개인의 실력이나 자질 부족 때문만은 아니기 때문이다. 오늘날 교회 개척이 어려운 이유를 네 가지로 정리해 보면 다음과 같다.

첫째, 편리주의와 웰빙 문화의 영향이다. 현대인은 고생하지 않고 편하게 즐기며 살고 싶어 한다. 과거의 교인은 비가 오면 먼저 교회에 가서 물이 새는 곳이 없는지를 확인했고, 눈이 오면 자기 집보다 교회 마당을 먼저 쓸었다. 이처럼 신실한 일꾼이 나서서 개척 교회를 세우는 경우가 많았다. 그러나 요즘에는 고생할 것이 뻔한 개척 교회에는 성도들이 가려 하지 않는다. 개척 교회 교인도 목회자와의 인간적인 관계로 차마 떠나지 못하다가 이사를 가면 모든 것이 완벽하게 갖추어진 대형 교회로 간다.

둘째, 메가 문화의 영향 때문이다. 현대인은 큰 것을 자랑스러워하고 작은 것은 부끄러워한다. 교회에 대해서도 마찬가지다. "어느 교회 다니세요?"라는 질문에 큰 교회 교인들은 "OO 교회요. 한번 와 보세요."라고 당당하게 말하며 전도하지만 작은 교회 교인들은 "동네에 있는 교회요."라며 부끄러워한다. 지하 개척 교회에는 사람들을 아예 데려오려고 하지 않는다.

셋째, 조직과 프로그램의 부재이다. 큰 교회는 담임목사를 중심으로 한 피라미드 조직과 각종 프로그램으로 일사불란하게 움직이며, 각 조직마다 부교역자가 있어 전문적으로 운영된다. 하지만 작은 교회는 조직이 없고 프로그램도 부족하다. 현대인은 조직 사회에 익숙해 있기 때문에 교회에 와서도 안정된 조직 안에서 신앙 교육을 받고 교제하며 신앙생활을 하고 싶어 한다. 이런 욕구를 충족시킬 수 없는 개척 교회는 외면당할 수밖에 없다.

넷째, 어려워진 전도 상황이다. 과거에 큰 효과를 거두었던 노방전도는 지금 열매를 크게 맺지 못하고 있다. 전도지는 나누어 주는 즉시 버려져 쓰레기가 된다. 아파트에서 축호전도를 하는 것은 더 어렵다. 외부 사람의 출입이 차단되고 있기 때문이다. 이런 상황에서 한 명을 힘들게 전도해도 얼마쯤 다니다가 큰 교회로 가 버린다. 그렇게 되면 전도할 의욕마저 상실한다.

외환위기 이후 한국 사회가 세속화되면서 사람들을 전도하는 데 장애물은 점점 더 많아지고 장벽은 점점 더 높아지고 있다. 그러다 보니 요즘 개척 교회가 생존할 확률은 10%밖에 되지 않는다. 잘못된 재개발 정책도 개척 교회를 무너뜨리는 데 일조했다. 인천 뉴타운 루원시티의 경우에는 임대 교회가 52개 있었지만 모두 사라졌고, 땅과 건물이 있는 교회도 16개 있었지만 이 중 세 개 교회만 부지를 계약했다. 교회 수로 따지면 교회의 생존율은 3~4%에 불과한 셈이다. 살아남은 교회조차도 자기가 원하는 지역에 교회를 세우지 못한다. 인천 검단 원당지구의 경우 종교 부지를 한쪽 구석의 쓸모없는 땅에 몰아넣어 교회 다섯 개가 한 지역에 모이도록 만들었다.[4]

여기저기서 "이제 교회 개척 시대는 끝났다."라는 말이 들려온다. 환경적으로 보면 틀린 말은 아니다. 수많은 개척 교회가 존립 자체의 문제로 허덕이고 있기 때문이다. 그렇다면 교회 개척은 중단되어야 할까? 그리스도의 대위임령을 효과적으로 성취하는 가장 좋은 전도 방법은 새로운 교회를 세우는 것이다. 따라서 교회 개척은 계속되어야 한다. 하지만 그 방법이 달라져야 한다. 지금 이 시대는 하루가 무섭게 변하고 있다. 과거의 방법을 고집하면 안 된다. 새 포도주는 새 부대에 넣어야 하듯이, 시대 변화에 따른 새로운 전략을 세워야 한다.

개척을 위한 준비 부족은 지도 한 장 없이 낯선 먼 길을 가는 것과 같다. 막연한 자신감과 기대만으로 나서면 안 된다. 준비되지 않은 개척은 미자립 교회만 양산한다. 현재 우리나라에는 5만 개 이상의 교회 중 80%에 가까운 4만여 교회가 자생력 없는 미자립 교회인 것으로 나타났다.[5]

준비되지 않은 개척이 계속된다면 미자립 교회의 문제도 계속 증폭될 것이다. 그런데 많은 젊은 목회자가 교회 개척을 꿈꾸지만 제대로 준비하지 않는 것 같다. 나만은 예외일 것이라 생각하며 준비 없이 나서는 것은 그야말로 맨 땅에 헤딩하는 일이다.

이런 일이 없도록 신학교에서부터 대책을 세워야 한다. 신학교를 졸업하면 진로는 부교역자가 되든지 개척을 하든지 둘 중 하나이다. 그런데 우리는 신학교에서 부교역자론이나 교회개척론을 배운

적이 없다. 신학교를 졸업했지만 목회에 대해 아는 것이 없기 때문에 현장에서 시행착오를 겪을 수밖에 없다.

신학교에서는 지금도 여전히 실천신학이 경시되고 있다. 앞으로는 목회 현장에서 일어나는 문제들에 주목하면서 그것을 해결하려는 노력을 해야 한다. 목회에 도움이 되지 않는 신학은 의미가 없다. 목회자 양성을 목적으로 삼고 있는 교단 신학교라면 당연히 신학교 커리큘럼에 "개척 교회 목회론"을 배정하여 신학생들이 학문적인 기초를 구축할 수 있게 해야 하고, 신학생들은 포스트모던 시대에 맞는 개척을 위해 충분한 준비와 연구를 할 수 있어야 한다.

요즘 신실한 그리스도인이면서 교회에 안 나가는 교인이 늘고 있다고 한다. "안 나가"는 성도를 거꾸로 발음한 "가나안 성도"라는 용어가 생겨 난 것을 보면 지금은 교회 안의 성도를 돌보아야 할 시점이다.[6] 기존 교회는 상황이 어떻게 돌아가고 있는지 사태를 파악해야 한다. 불신자를 전도하는 것도 중요하지만 교회를 다니다가 쉬고 있는 사람들을 찾아내어 신앙의 본질로 다가가 다시 데리고 와야 한다.

가나안 성도들이 교회를 인식하는 데는 문제가 있다. 그들은 교회가 부패한 것을 비판하며 교회 자체를 부정한다. 하지만 교회는 그리스도의 몸이기에 존재해야 한다. 교회 자체를 부정하면 기독교 신앙은 소멸된다. 출애굽기의 성막은 오늘날 교회의 기원이라고 볼 수 있는데 하나님이 성막을 만들라고 하신 것은 성막을 중심으로 이스라엘 공동체가 살아가도록 하기 위해서였다. 하나님의 무소부재와 임재에는 차이가 있다. 하나님은 이 세상 어느 곳에서나 존재하시지만 교회는 하나님의 특별한 임재 장소로서 그 의미가 있다.

교회 중심의 생활은 교회사적으로 볼 때 그 필요성이 분명하게 확인된다. 가톨릭 교회는 조직적이었기 때문에 전 세계적으로 큰 영향력을 행사했다. 7세기에 앵글로색슨족을 개종시키는 데 기여했던 켈트교회(Celtic church)[7]는 순례자적이었기 때문에 소규모로 존재했다. 따라서 교회는 조직체로서 존재해야 한다. 그리스도인들은 교회의 머리가 되시며 새로운 성막이신 예수 그리스도를 중심으로 하여 교회에서 예배하고 교제를 나누어야 한다.

교회는 규모에 관계없이 존재해야만 한다. 재개발이 되거나 신흥 도시가 세워지면 당연히 사람들이 모여서 예배할 수 있는 장소로서 교회가 세워져야 한다. 교회 개척의 유익은 목회자와 더불어 평신도에게 사역의 기회를 제공하는 것이다. 큰 교회에서 주일 예배를 한 번만 드리고 방관자로 있던 교인이 개척 교회에 가서 리더십을 발휘하여 교회 부흥에 앞장 서는 일은 흔히 볼 수 있는 일이다.

교회 개척이 당연히 필요한 것이라면 개척 가능성을 높일 수 있는 차별화된 전략을 생각해 보아야 한다. 상가 건물의 개척 교회가 외면당하는 이유 중의 하나는 개척이 목회자의 생업 수단으로 여겨지기 때문이다. 그래서 사람들이 "목사님, 요즘 교회 잘되십니까?"라는 인사말을 하는 것이다.

오늘날 개척 상황을 생각해 보자. 개척 교회는 대부분 상가 건물에 들어선다. 한 지역에 개척 교회들이 밀집되어 있고, 심지어 한 건물 위아래층으로 교회가 들어서서 경쟁을 벌이면 사람들은 당연히 그렇게 생각할 수밖에 없다.

상가 개척 교회의 모습은 학원이나 상점과 다름 없어 보인다. 교회 광고판도 그렇고 경쟁적으로 뿌려지는 교회 홍보 전단지 역시 다른 점이 없다. 하나님은 중심을 보시지만 사람들은 외모를 보고 판단한다. 사람을 상대하려면 일단 외모에서 세상과 차별화된 모습을 보여야 한다. "그렇다면 어떻게 해야 하는가?" 이것은 교회 개척자에게 주어진 과제로 하나님께 지혜를 구해야 할 일이다(약 1:5). 또한 내적으로 동기와 열정이 순수해야 하고, 어떤 상황에서도 흔들리지 않고 소신껏 개척자의 길을 갈 수 있는 목회 철학이 있어야 한다. 잃어버린 영혼에 대한 뜨거운 마음을 품고 나선 교회 개척이라면 어떤 고생도 힘들게 느껴지지 않을 것이다. 또한 그리스도의 사랑이 강권하여 이루어진 개척이라면 비록 환경이 어렵고 힘들지라도 하나님이 함께하시는 흥미진진한 믿음의 모험이 될 수 있다.

어떤 목사는 "내 목회의 목표는 이 지역을 복음화하는 것이다."라고 말한다. 얼마나 대단한 목표인가? 참으로 훌륭한 소원이다. 그러나 만일 그가 자신의 가치를 이 목표를 성취하는 데서 찾으려 한다면, 그는 무서운 감정적 혼란을 겪을 것이다. 감정은 하나님의 경고 신호이다. 분노는 가로막힌 목표, 염려는 불확실한 목표, 우울증은 불가능한 목표를 알리는 신호이다. 목표가 아무리 영적이고 고상할지라도 당신이 우울해하는 것은 이룰 수 없는 목표에 절망적으로 매달려 있거나 혹은 그 목표가 건전한 목표가 아니라는 신호이다.[8]

개척 멤버 10여 명으로 1만 명이 넘는 교회를 꿈꾸는 것은 개인의 자유이지만, 그것은 백일몽(白日夢)일 뿐이다. 자기 자신을 아는 지혜와 현실 감각이 필요하다. 처음부터 지나치게 큰 기대를 하고 단기간에 큰 성과를 거두려고 급하게 시작하면 얼마가지 못해 낙심하고 좌절하게 된다. 작은 교회도 좋다는 생각으로 한 사람을 위해 최선을 다하는 목회를 한다면 오히려 기대 이상의 결과가 나올 수 있을 것이다.

우리는
무엇을
해야 하나?

어린 시절, 우리는 직접 연을 만들고 날리면서 놀았다. 바람이 세차게 부는 날이면 하늘 높이 연을 띄울 수 있었다. 연날리기는 바람의 영향을 많이 받는다. 바람이 있을 때 줄을 살살 풀어 주면 연은 하늘 높이 날아오르지만, 바람이 멈추면 연은 날아오르지 못한다. 바람이 없을 때 연을 띄우려면 연줄을 잡고 달려야 한다. 그러나 달리는 것을 멈추면 연은 그대로 땅바닥에 떨어지고 만다.

파도타기도 마찬가지이다. 아무리 실력이 좋은 프로 서퍼(Surfer)라도 파도가 일어나지 않으면 멋진 파도타기를 할 수 없다. 파도가 잠잠한데 굳이 파도타기를 하겠다고 파도를 만들려는 사람은 없다. 인위적으로 파도를 만들 수는 없기 때문이다. 교회의 부흥과 성장도 마찬가지다. 모든 일에는 때가 있다(전 3:1). 하나님도 때가 차매 예수님을 이 세상에 보내셨다(갈 4:4).

부흥의 시대를 살았던 사람들은 부흥을 당연하게 생각하지만 성경과 교회사를 볼 때 부흥의 시대는 그리 많지 않았고, 그 기간도 길지 않았다. 성경을 보면 사무엘과 에스라의 때처럼 부흥하는 시기가 있었는가 하면, 엘리야 때처럼 침체하는 시기도 있었다. 교회사를 보면 기독교가 시작된 이후 300여 년 동안 박해의 시기가 있었고, 이후 교회는 중세의 암흑기를 보냈다.

하나님은 교회를 부흥시키고자 16세기에 루터, 칼뱅, 쯔빙글리 등 종교 개혁자들을 도구로 사용하셨다. 17세기에는 개혁자들의 후예인 청교도(Puritan)들을 일으키셨다. 이들은 영국과 미국에 큰 영향력을 미쳤는데 대표적인 청교도였던 존 번연은 공식적으로 교육을 받지 못했지만 그가 쓴 『천로역정』은 300개 이상의 언어로 번역되어 출판되었다.

18세기에는 부흥운동가인 조지 휫필드, 존 웨슬리, 조나단 에드워즈, 찰스 피니 등을 통해 일하셨다. 위대한 선교의 세기로 불리는 19세기에는 유럽과 북미 선교사들을 통해 일하셨다. 데이비드 리빙스턴은 아프리카에서, 윌리엄 케리는 인도에서, 아도니람 저드슨은 미얀마에서, 허드슨 테일러는 중국에서, 토마스는 한국에서 사역했다. 그리고 무디에 이어 20세기에는 빌리 그레이엄이 쓰임받았다. 유럽 기독교가 쇠퇴하고 있는 21세기에는 아프리카와 라틴 아메리카에서 은사주의 운동가들이 쓰임받고 있다.

한국 교회는 1980년대까지 전 세계의 교회가 부러워하는 큰 부홍과 성장을 경험했다. 그러나 1980년대 후반부터 성장이 멈춰 버렸다. 이것을 일시적인 현상으로 생각하며 다시 성장하고자 많은 노력을 기울였지만 더 이상은 불가능했다.

이제는 환경과 분위기가 변했다. 무조건 열심히 하면 성장하는 시대는 지났다. 그런데 1960-1970년대의 부흥과 성장을 목격했던 목회자들이 그때를 잊지 못하고 허황된 신기루를 좇고 있다. 어떻게든 다시 부흥과 성장을 이루어 보려고 온갖 프로그램을 만들어 내고, 마케팅 기술을 활용하기도 하며, 사회복지 사역을 강화하기도 하고, 교회 건물을 지역 주민을 위해 문화센터로 활용하기도 했다. 그러나 만족할 만한 결과를 얻지 못했다.

1907년에는 "평양 대부흥운동"이라고 불리는 영적 각성 운동이 일어났다. 이 운동은 의도된 것이 아니라 전적으로 성령의 역사하심에서 비롯된 것으로 웨일스(Wales)[9], 아주사 거리(Azusa Street)[10] 등 당시 전 세계적으로 일어나고 있던 "늦은 비 성령 운동"의 한 흐름이었다. 1905년과 비교해서 1907년에는 교회 수가 321곳에서 642곳으로 200% 증가했다. 1910년 에딘버러에 모였던 국제선교협의회(World Missionary Conference)는 5만 조선 기독교인이 1907년의 대부흥에서 순수하게 오순절 경험을 했다고 분석하고 이를 보고한 바 있다.[11]

한국 교회는 평양 대부흥운동의 열기가 시들해지자 1909년과 1910년 사이에 "백만인 구령운동"을 전개했다. 당시 한국 개신교의 교세는 선교사가 200여 명이었고, 교회 생활을 하는 교인 수가 약 20만 명이었다. 이러한 상황에서 100만 명의 계획은 실로 엄청난 것이었다.[12] 백만인 구령운동은 평양 대부흥운동과 달리 계획적으로 진행되었다. 곳곳에서 특별집회, 부흥회, 사경회라는 이름으로 전도 집회가 열렸고, 수많은 쪽복음과 전도지가 뿌려졌다.

그 결과는 어떠했을까? 백만인 구령운동의 열기는 뜨거웠지만 과거 성장률에 미치지 못하는 저조한 성적을 냈다. 그러면서 일부 선교사들은 강한 의문을 제기했는데 이는 주로 "백만인 구령이 달성되었는가?", "어떤 결과가 나타났는가?", "그것은 실제로 하나님께서 감동하신 운동이었는가?" 하는 것이었다. 이는 백만인 구령운동이 출발 자체부터 문제의 소지를 안고 있었다는 것을 보여 준다. 또한 백만인 구령운동을 추진한 일선 지도자들에게는 매우 곤혹스러운 질문이었다.[13]

세월이 흘러 2007년 평양 대부흥운동 100주년을 앞두고 있을 때 교계에서는 각 교단마다 당시의 부흥을 재현하고자 이벤트를 다양하게 준비했다. 인위적으로 파도를 만들어 보려고도 했지만 그 결과는 이벤트만 무성했을 뿐 기대한 만큼 부흥은 일어나지 않았다. 2004년 웨일스에서도 새로운 부흥은 없었고, 2006년 아주사 거리에서도 마찬가지였다. 부흥의 파도를 일으키는 일은 오직 하나님만이 하실 수 있다. 사람이 할 수 있는 일은 파도가 일어날 때 그 파도를 타는 것뿐이다.

지금이 어떤 때인지 분별할 줄 아는 것이 지혜이다. 지금은 부흥과 성장의 파도가 잔잔해졌다. 이것은 개인적인 판단이 아니라 분명한 현실이다. 이러한 때에 "부흥"을 외치다가 낙심하고 좌절하는 일은 심히 어리석은 것이다. 이제는 성장이 아니라 성숙에 초점을 맞추어야 한다. 한국 교회의 패러다임이 바뀌어야 한다. 우리는 시대가 요구하는 목회를 해야 한다. 그동안 한국 교회에서는 이신득의(以信得義)에 충실하여 로마서가 중요시되었다. 그러나 이제는 이행득의(以行得義)를 강조하는 야고보서에 눈을 돌려야 한다.

오늘날 한국 교회에서 일어나는 잦은 분쟁과 갈등은 사회로부터 지탄의 대상이 되고 있을 뿐 아니라 교회를 무기력하게 한다. 이것은 한국 교회가 성장에만 치우쳐 정작 중요한 성숙을 소홀히 한 결과라고 할 수 있다. 오늘날 기성 교회는 교회 밖보다는 교회 안에 있는 성도들을 더욱 돌보며 내실을 기해야 할 시점에 있다. 한국 교회에 주어진 과제는 고도 성장의 시대에 나타났던 여러 가지 부작용을 해결하면서 영적인 성숙을 위해 노력하는 것이다. 지금은 차분하게 숨고르기를 할 때이다. 솔직히 말해서 한국 교회의 위기는 목회자들이 자초한 것이다. 옛날 어느 고대 교부는 다음과 같이 말했다.

우리가 알다시피 한 그루의 나뭇잎이 시들고 죽어 가는 것은 그 뿌리가 잘못되어 간다는 것을 나타낸다. 마찬가지로 신도들의

규율이 문란한 것은 그들을 지도하는 성직자들이 거룩하지 못하다는 것을 인식해야 한다.[14]

그렇다. 목회자들이 먼저 각성하고 변화해야 한다. 마음을 비우고, 바르게, 더불어 사는 모습을 보여 주어야 한다. 그러고 난 후에 성도들이 자신의 것을 내려놓으며 살도록 영성 교육을 하고, 바르게 살도록 도덕성 교육을 하며, 더불어 살도록 공동체성 교육을 해야 한다.

지금 무엇보다도 시급한 것은 교회가 공동체성을 회복하는 것이다. 개인주의, 개교회주의, 개교단주의로 한국 교회는 공동체성을 잃어버렸다. 세상 사람에게 그리스도인답게 사는 모습을 보여 주려면 공동체성을 회복해야 한다. 혼자 뚝 떨어져 하나님과 개인의 관계에 집중하는 것은 경건한 삶의 방식이 아니다.[15] 개인적인 믿음, 정기적인 예배와 기도 생활, 교회 출석 이 모든 것을 한다고 할지라도 충분하지 않다. 우리는 공동체의 중요성을 이해하고 자신을 한 가족, 한 몸의 지체로 볼 필요가 있다.[16]

공동체는 영적 성숙을 위해서도 매우 중요하다. 물론 개인적인 신앙의 성숙, 개인적인 기도와 명상도 중요하지만 몸이 성장하면 각각의 지체는 자연적으로 성장한다. 우리는 서로에게 속해 있다. 서로 섬기면서 서로를 강하게 하고, 서로에게 용기를 주어야 한다. 우리가 그리스도의 몸 안에서 서로에게 속한 지체로 살아간다면 우리는 그리스도의 몸을 더욱 강하게 하는 성령의 은사를 체험할 수 있다. 성령이 나타나는 것은 오로지 "모든 사람의 덕을 위해서"인 것이다. 우리가 사랑 안에서 함께 살 때, 성령은 자기의 은사를 교회 안에 있는 자기 사랑을 표현함으로써 우리에게 줄 것이다. 우리는 모두 서로를 필요로 한다.[17]

사람들은 묻고 있다. "지금 한국 교회는 어디로 가고 있는가?" 우리는 이제 이 질문에 답해야 한다. 큰 교회, 작은 교회가 문제가 아니다. 진짜 문제는 복음의 본질을 따르고 있느냐이다. 교회는 본질을 회복하고 빨리 제자리를 찾아야 한다. 교인들의 의식과 삶의 방식이 변하는 모습을 볼 때 세상 사람은 교회로 다시 찾아올 것이다. 그때 우리는 실추된 교회의 이미지를 회복하고, 다시 이 세상의 빛과 소금으로 인정받게 될 것이다.

옛날 옛적에 한 왕이 잔치를 베풀려고 했다. 그러나 그 당시에 경제 상황이 좋지 않았기 때문에 왕은 음식을 장만해 오기로 하고, 신하들은 잔치에 올 때 각자 포도주 한 병씩을 가져오기로 했다. 잔칫날이 되어 신하들은 저마다 포도주 한 병씩을 들고 왕궁으로 모여들었다. 신하들은 자신이 들고 온 포도주를 연회장 큰 방 입구에 놓인 커다란 술독에 붓고는 자리에 앉았다. 이윽고 술독은 가득 찼고, 잔치에 참여한 왕은 모든 사람에게 포도주를 한 잔씩 따르라고 했다. 사람들이 앉아 있는 테이블에는 포도주가 한 잔씩 놓였고, 왕이 건배를 제의하자 모든 사람들이 잔을 들었다. 그런데 포도주 맛이 이상했다. 알고 보니 술독에 모인 것은 포도주가 아닌 물이었다. 맛을 본 왕은 불과 같이 진노했다. 그렇다면 왜 이런 일이 일어났을까? 신하들이 모두 '나 하나쯤이야.'라는 생각으로 포도주 대신 물을 가져왔기 때문이다. 그 많은 포도주에 물 한 병 섞어도 누가 알겠는가 싶어 포도주가 아닌 물을 가져온 것이다. 이처럼 많은 사람이 '나 하나쯤이야.'라는 생각에 젖어 살고 있다.[18]

서구인들이 생각하는 아시아에서 가장 살기 좋은 나라는 어디일까? 그곳은 바로 싱가포르다. 싱가포르는 무역 및 금융의 중심 국가, 가장 부패가 없는 나라, 국가 경쟁력이 가장 높은 나라, 국민소득이 가장 높은 나라이다. 그렇다면 싱가포르는 어떻게 해서 이러한 나라가 되었을까? 어느 칼럼집에서 다음과 같은 이야기를 읽은 적이 있다.

> 싱가포르에서 어느 관광객이 길을 지나다가 휴지 조각을 길에 버렸다. 그러자 길을 지나던 어린 학생이 재빨리 그 휴지를 주워서 그 관광객의 호주머니에 넣어 주고는 아무 일도 없었던 듯이 지나갔다. 그 관광객은 어린 학생이 한 행동에 충격을 받고 자기 나라에 돌아와서는 휴지를 길에 내버리는 행동을 다시는 하지 않았다.[19]

이처럼 어린 학생 한 사람의 '나 하나라도'라는 생각이 싱가포르를 아시아에서 가장 살기 좋은 나라로 만든 것이다.

예수님은 "천국은 마치 사람이 자기 밭에 갖다 심은 겨자씨 한 알 같으니 이는 모든 씨보다 작은 것이로되 자란 후에는 풀보다 커서 나무가 되매 공중의 새들이 와서 그 가지에 깃들이느니라."(마 13:31-32)고 말씀하셨다. 아무리 작아도 생명력이 있으면 변화의 역사를 일으킬 수 있다. 작은 교회는 사람들이 생각하는 것처럼 불쌍한 존재가 아니라 예수 그리스도의 흔적으로 좁은 길을 걷는 생명력 있는 존재이다. 이런 측면에서 작은 교회는 신앙의 본질을 외칠 수 있는 예언자적 역할을 할 수 있다.

예언자들은 항상 외로웠다. 아무리 외쳐도 듣는 사람이 없고 변화되는 사람이 없었기 때문이다. 지금도 순수한 신앙과 본질을 추구하는 목회자들은 외로울 수 있다. 그러다 보면 '나 혼자'라는 생각으로 지칠 수 있다. 그럴수록 '나 하나라도'라는 사명감으로 힘을 내야 한다. '나 혼자 기도한다고 무엇이 달라질까?'라는 생각을 버리고 '나 한 사람이라도 기도해야지.'라는 마음으로 내가 할 수 있는 일부터 시작해야 한다.

목회자의 가난은 부끄러운 것인가?

근래에 초대형 교회의 세습이 사회 문제로 비화되면서 언론에 대형 교회의 모습이 적나라하게 공개되고 있다. 교회 재정과 헌금, 목회자의 사례비까지 거론되면서 세상 사람들은 목회자는 부자라는 인식을 하게 되었다. 아들과 대화를 하다가 아버지가 목회자라고 하면 사람들은 자기가 잘 사는 줄 안다고 생각한다는 말을 들었다. 정말 목회자는 부자인가? 이는 큰 교회에 속한 극소수의 억대 연봉 목회자에게나 해당되는 말이다.

그런데 세상 사람들의 눈에는 이들만 보이는지 목회자도 소득세를 내야 한다고 주장한다. 작은 교회 목회자는 이런 상황과는 거리가 먼 데도 말이다. 그들은 대다수가 최저 임금도 받지 못하고 있다. 개척 교회의 경우 담임목사의 월소득이 100만 원도 안 된다. 이 소득이면 기초생활수급대상자로 선정되어 급식비와 수업료 면제,

건강 보험료 면제 혹은 감면 대상이 될 수 있다. 그러나 작은 교회 목회자들은 생활고에 시달리면서도 당당하게 살려고 노력한다. 혹시나 하나님의 이름을 욕되게 할까 염려하기 때문이다.

2014년 4월호 「목회와 신학」에서는 "목회자의 이중직"을 주제로 한 설문 조사 결과를 발표했다. 목회자의 절반이 훨씬 넘는 67%가량이 최저 생계비 수준에도 못 미치고 있고, 목회자 열 명 중 네 명은 교회 사역 외에 다른 일을 하고 있는 것으로 조사되어 경제적인 어려움에 시달리는 목회자가 상당한 것으로 나타났다.[20] 우리도 그 가운데 포함된다. 하지만 우리는 불쌍한 사람들이 아니다. 동정받는 것을 거부한다. 목회자의 가난은 복음을 위해 스스로 선택한 것이다. 가난은 부끄러운 것이 아니라 사는 데 조금 불편한 것뿐이다.

정부 공직자가 재산을 공개하는 것은 임기 동안에 깨끗하게 생활할 것을 다짐하기 위해서이다. 세상 나라의 공직자들이 청렴하게 살아야 한다면, 복음을 전하는 하나님 나라의 사람은 더욱 그래야 한다. 이 시대가 물질만능 시대라고 할지라도 목회자는 물질에 영향을 받지 않는 사람이어야 한다.

예수 그리스도를 따르는 우리는 단순한 삶을 전제로 부름받았다. 단순성은 청렴한 정신이고 자족을 의미한다(빌 4:11). 자족은 바울이 사는 방법이었으며, 또한 우리가 사는 방법이 되어야 한다.[21] 청렴은 자발적일 때 꽃이 피는 가치다. 강요가 아닌 선택이 되어야 한다. 그런데 우리 마음을 아프게 하는 것은 일부 가난한 목회자들이 보이는 의기소침한 모습이다. 이런 경우는 선택한 것이 아니라 불가피하게 가난을 수용하고 있기 때문이다.

우리는 신학교에 들어갈 때 예수님처럼 십자가를 지고 고난의 길을 갈 것이라 결단했던 사람들이 아닌가? 2세기의 기독교 변증가였던 순교자 저스틴(Justin Martyr)은 자기는 어디를 보든지 거기에서 십자가를 본다고 고백했다.[22] 그동안 거듭하여 십자가를 사랑한다고 했던 고백을 우리는 잊지 말아야 한다. 그렇기 때문에 가난과 그에 따른 고난은 새삼스러울 것이 없다. 생각을 바꾸어야 한다. 목회자는 가난할지라도 하나님의 종이라는 자부심으로 품위를 지켜야 한다.

아무리 물질만능 시대이고 돈이 없으면 죽는다고 하는 세상이지만 돈 타령은 하지 말아야 한다. 세상에서 보험 든 것이 없을지라도 하나님이 우리의 기업이 되시기 때문에 우리는 이 세상을 나그네처럼 살아갈 수 있다. 나그네이기에 가난한 삶을 당연한 것으로 여길 수 있어야 한다.

예수님은 이 땅에 사시는 동안 집 한 채도 없으셨다. 여우도 굴이 있지만 자신은 머리 둘 곳도 없다고 하셨다. 심지어 세금 낼 돈이 없어서 베드로에게 고기를 잡아 입을 벌려 나온 돈으로 세금을 내라고 하셨다. 그렇다면 예수님의 가르침에서 가난의 의미는 무엇일까? 가난은 독신생활과 마찬가지로 하늘나라를 위해 권고되는 것이었다.

예수님의 가난을 본받았던 바울은 3년 동안 목회하던 에베소교회를 떠나면서 "내가 아무의 은이나 금이나 의복을 탐하지 아니하였고."(행 20:33)라고 당당하게 말할 수 있었다. 그는 돈의 유무에 영향을 받지 않았고, 돈을 다스림으로써 돈의 배후에 있는 마귀를 제압했다.

사람들은 대부분 악착같이 돈을 벌어서 그것을 자손에게 남겨 주려고 애를 쓰지만, 청교도(Puritans)들은 재산을 남기고 가는 것을 어리석게 생각했다. 그들은 삶을 떠나기 전에 재산을 가치 있게 쓰도록 훈련받아야 한다고 믿었고, 다른 무엇보다 경건한 영향력을 남기고 가는 인생을 가장 가치 있게 여겼다. 청교도 가운데 한 사람이었던 존 트랩(John Trapp)은 "물질이 모자라는 것이 아니라 물질을 과도하게 사랑하는 것 때문에 인간이 비천하게 된다."라고 했다.[23]

존 웨슬리(John Wesley)도 이와 같은 생각을 하며 살았다. 그가 초기에 받은 월급은 30파운드였다. 그중에 28파운드는 자신이 생활하는 데 썼고, 2파운드는 가난한 사람들을 도와주는 데 사용했다. 이러한 균형은 이후에도 계속되어 더 많은 월급을 받았을 때도 자신을 위해서는 28파운드만 사용했다. 그가 부흥회를 다니면서 많은 사람에게 사례비를 받았지만 모두 가난한 자를 위해 사용했다. 그는 무명할 때나 유명할 때나 지출이 한결 같았다. 웨슬리가 세상을 떠났을 때 남겨진 그의 재산은 은수저 두 개뿐이었다. 그러나 그의 헌신과 믿음의 삶은 영국의 작은 마을뿐만 아니라 국경 너머에까지도 전해졌다.

부흥사 조지 횟필드(George Whitefield)는 교인들에게서 헌금을 걷는 일에 뛰어난 수완을 발휘했지만 언제나 그는 그 돈을 모두 가난한 고아를 위한 수용 시설을 운영하는 일과 사람들을 구제하는 일에 사용했다. 그는 가난한 삶을 자처했다.

횟필드가 행한 다음의 설교는 이러한 점에서 그의 인격을 보여 준다.

> 이곳에 있는 여러분 가운데서 제가 지난 1월부터 8월까지 단 1기니의 돈이라도 받는 것을 본 분이 계시다면 말씀해 보십시오. 제가 하늘나라 형제들에게 가면 여러분은 제가 어떠한 정신으로 여러분을 섬겼는지 알게 될 것입니다. 그때가 되면 여러분은 제가 행한 모든 일이 다른 사람들이 있을 곳을 마련해 주기 위한 것이었음을 알게 될 것입니다.[24]

우리는 목회자들이 각 삶의 영역에서 적정선을 지켰으면 좋겠다고 생각한다. 특히 물질에서는 더욱 그렇다. 최소한의 생활비를 제외한 나머지는 누군가를 돕는 데 써야 할 것이다. 자기의 양들을 위해 기꺼이 물질과 시간을 사용하고, 소외된 이웃에게 친구가 되어 주며, 탐욕에 지배받지 않는 검소한 생활로 하나님의 백성이 나아가야 할 길이 무엇인지 몸소 보여 주어야 한다.

고 한경직 목사님은 자신의 이름으로 땅 한 평, 집 한 채 사 본 적이 없다고 한다. 또한 평생 자신의 이름으로 된 통장 하나 없는 무욕과 청빈의 삶을 살았다고 한다. 영락교회를 은퇴하고 사택에서 나왔을 때는 거처할 곳조차 없을 정도로 재산이 없었다고 한다. 그는 '제대로 된 목회자라면 가난해야 사욕 없이 복음을 전할 수 있다'는 평소의 지론을 그대로 실천했다. 이와 같은 삶의 방식으로 가장 고통받은 사람은 아내 김찬빈 사모였다. 김 사모는 평생 남편이 주는 월급을 제대로 받아보지 못했다. 그의 손에 쥐어졌던 것은 빈 봉투뿐이었다. 아내 대신 월급을 받은 사람은 보린원, 경로원, 모자원에 있는 가난한 사람들이었다.

한경직 목사님은 교인들이 새로 해 준 양복일지라도 자신을 찾아온 교회 목사들에게 서슴없이 벗어 주고는 와이셔츠 바람으로 집에 돌아가기도 했다. 어느 날은 길거리를 떠돌던 거지에게 입고 있던 옷을 벗어 주고 올 때도 있었다. 한번은 한 실업인이 찾아와서 선교를 위해 쓰라며 돈 봉투를 놓고 간 적이 있었다. 그런데 마침 힘들게 전도하고 있는 목회자가 찾아와서 자신의 사정을 말하자 한 목사님은 자신이 받았던 봉투를 그대로 주었다고 한다. 그 봉투 안에는 개척 교회 목사로서는 한 번도 만져 보지 못했던 거액이 들어 있었다고 한다.

한경직 목사님은 자신을 대접하려는 사람에게는 반드시 "어느 음식점이냐?"라고 물었으며, 냉면이나 된장찌개 같은 조촐한 음식이 아닐 경우에는 절대로 초대에 응하지 않았다. 이런 한경직 목사님의 청빈한 삶은 기독 실업인 사이에 소리 없이 번지는 "유산 안 남기기 운동"이라는 결과를 낳았다.[25]

대다수 목회자들은 목회를 시작할 때는 이름도 없이 빛도 없이 주를 섬기겠다고 하나님께 고백한다. 하지만 은퇴할 나이가 되어 목회를 세습하고 후임 목사에게 은퇴비를 요구한다면 이것은 변질된 모습이 아닐까? 일용할 양식이 있고 기본적인 것이 주어져 있다면 자족해야 하지 않을까? 목회자는 오직 하나님 나라만을 바라보며 사는 사람이어야 한다. 이동원 목사는 2010년 당초 약속대로 65세에 조기 은퇴하면서 장기 기증을 서약했고, 은퇴비도 받지 않았다.

인간에게는 세 가지 기본적인 욕망이 있다. 목회자들도 사람이기 때문에 예외일 수 없다. 젊어서는 성적인 유혹이 덫이 될 수 있고, 나이가 들어서는 명예가 덫이 될 수 있으며, 노년에는 물질이 덫이 될 수 있다. 목회자는 물론이고 목회자의 사모 역시 노년이 될수록 물질에 대한 탐욕에 발목이 잡히지 않도록 해야 한다.

요즘 우스갯소리로 여자가 늙으면 돈, 건강, 딸, 친구, 찜질방이 필요하고 남자가 늙으면 아내, 집사람, 마누라, 애들 엄마, 처(妻)가 필요하다고 한다. 여자가 나이 들면서 가장 중요하게 생각하는 것은 돈이다.

목회자는 사모가 자신과 같은 생각을 하고 있다고 여기면 안 된다. 목회자와 사모의 영성이 서로 다를 수 있다. 목회자와 평신도 간에도 영성의 차이가 있듯 목회자와 사모 간의 영성에도 차이가 있을 수 있다.

노년이 되어서 목회자와 사모가 물욕과 결별하지 못하는 것은 과거에 경험했던 가난에 대한 두려움 때문이기도 하지만 하나님을 온전히 신뢰하지 못하기 때문이기도 하다. 현실적으로 하나님 다음으로 우리를 지켜 줄 수 있는 것이 물질이다. 하나님이 채워 주시지 않을 수도 있다는 불안감이 물질에 대한 과도한 집착으로 나타나는 것이다. 하지만 젊은 시절에 성결하고 헌신적인 삶을 살다가 목회 사역의 마지막을 물질 때문에 망치면 되겠는가?

우리가 어려움에 처했을 때 즐겨 읽는 시편에서 가장 중요한 단어 중의 하나가 "신뢰"이다. 시편 37편을 보면 다윗이 고백하기를 "내가 어려서부터 늙기까지 의인이 버림을 당하거나 그의 자손이 걸식함을 보지 못하였도다."(시 37:25)라고 했다. 우리는 하나님을 향한 신뢰를 잃어버리면 안 된다. 하나님을 신뢰하면 하나님은 반드시 우리의 삶을 책임져 주신다.

예수님은 겸손하게 나귀를 타고 예루살렘에 입성하셨는데, 목회자들은 고급 승용차를 타고 다니며 대기업의 경영인처럼 행동하는 것을 보면 같은 목회자로서 부끄럽다. 목회자는 소박하게 살아야 한다. 목회자의 미덕은 청빈이다. 자신을 부인하고 자신에게 주어진 십자가를 지며 예수님을 따르는 것이 목회자의 삶이다. 우리는 복음을 위해 선택한 가난이라는 십자가를 부끄러워하지 말아야 한다.

그렇다고 해서 목회자는 무조건 가난해야 한다고 주장하는 것은 아니다. 바울은 비천에 처할 줄도 알고 풍부에 처할 줄도 알았다(빌 4:12). 바울은 깨끗하고 의로운 가난을 부끄러워하지 않았지만 깨끗하고 의로운 부함 역시 부정하지 않았다.[26]

또한 우리가 목회자의 가난을 말하는 것은 교인들이 목회자가 가난하게 사는 것을 당연하게 여기고, 목회자에게 가난하게 살라고 요구하는 것을 인정하는 것도 아니다. 바울은 "가르침을 받는 자는 말씀을 가르치는 자와 모든 좋은 것을 함께 하라."(갈 6:6)고 했다. 목회자에게 지나친 가난을 요구하는 사람치고 제대로 신앙생활을 하는 사람을 보지 못했다. 목회자가 먹고 사는 일에 신경을 쓰지 않고 목회에 전념하도록 돌보는 것은 교인들의 몫이다.

자비량
목회는
성경적인가?

개척 교회는 대부분 재정적으로 미자립 상태에 놓여 있다. 목회
자는 교회의 살림살이를 걱정해야 하고, 헌금만으로는 목회자의 생
활비가 충당되지 않아서 늘 궁핍하다. 그러다 보니 한 가정의 가장
이기도 한 목회자는 가족의 생계를 위해 교회 밖으로 일거리를 찾
아 나서게 되고 때로는 길을 벗어나 존귀한 목사직을 포기하기도
한다. 소문에 따르면 전국의 택시 기사 중에 전직 목사가 수천 명이
라고 한다.

「기독교연합신문」의 보도에 따르면 한국 교회의 목회자 73.9%
가 목사 외에 '다른 직업'을 갖는 것을 찬성하는 것으로 나타났다.[27]
그 이유는 한마디로 생활고 때문이다. 가족을 부양하려고 부득이하
게 다른 일을 해야 하는 미자립 교회의 목회자들이 직면한 현실을
보면, 차라리 당당히 직업을 가지고 자비량 목회를 하는 것이 나을

듯싶다. 그러나 문제는 자비량을 부정적으로 인식하는 태도에 있다. 많은 목회자와 성도들이 자비량 목회를 부정적으로 보고 있다. 직업을 가진 목회자는 믿음이 부족한 자로 여겨진다. 자비량 목회에 대한 한국 교회의 가치관은 부정적이다. 그래서 자비량으로 사역하면서도 드러내지 않으려고 한다.

자비량 목회를 긍정적으로 바라보며 발언하고 있는 직장사역연구소 방선기 목사는 한국 교회에서는 교수나 의사, 변호사와 같은 전문 직종의 자비량 목회는 받아들이면서 다른 직종의 직업에 대해서는 색안경을 끼고 보는 시선이 존재한다며, 이를 안타까워했다. 방 목사는 "아이러니컬하게도 화이트칼라 직업을 가진 목회자들은 자비량 목회를 인정받고 있지만 육체노동을 하는 목회자들은 목회자로서 일한다는 자책감에다가 그 일 자체가 사회에서 별로 인정받지 못한다는 이유로 이중의 고통을 겪고 있다."라고 말했다.[28]

그렇다면 성경은 자비량 목회를 어떻게 바라볼까? 하나님은 제사장에게 다른 직업을 가질 수 없도록 기업을 주시지 않았다. 예수님의 제자들은 부름을 받았을 때 자신의 가정과 직업을 버리고 하나님 나라의 복음을 전파했다. 평생 그랬는지는 모르겠지만 적어도 예수님을 따르던 3년의 전도 기간 동안은 다른 직업을 갖지 않았다. 동족을 대상으로 활동했던 베드로는 교회에서 경제적으로 지원을 받으면서 목회에만 전념했다.

반면 이방인 선교사 바울은 천막 만드는 일로 자비량 선교를 했다. 그는 같은 직업을 가진 아굴라, 브리스길라 부부와 함께 일했다(행 18:3). 바울이 천막 짓기에서 얻은 것은 필수품, 식량, 옷 그리고 로마 제국에서의 당시 관습에 미루어 판단한다면 그의 집세의 일부를 충당하는 것이었다.

그렇다면 바울은 왜 일을 했을까? 바울은 데살로니가교회에 편지하면서 그 이유를 이렇게 밝힌다. "형제들아 우리의 수고와 애쓴 것을 너희가 기억하리니 너희 아무에게도 폐를 끼치지 아니하려고 밤낮으로 일하면서 너희에게 하나님의 복음을 전하였노라"(살전 2:9). "밤낮으로"라는 말은 그의 생업이 그의 시간의 대부분을 차지했음을 의미한다. 그는 새벽부터 낮 시간의 대부분을 일하는 데 사용했다.

바울의 천막 짓기를 연구한 미국 남가주대학교 교수인 호크(Ronald. F. Hock)는 『바울 선교의 사회적 상황』에서 바울의 천막 짓기가 우리가 생각하는 것 이상으로 비천한 노동자의 삶이었음을 보여 주며 다음과 같이 결론을 맺었다.

> 그는 생활의 대부분을 작업장에서 보냈다. 그곳은 가죽, 칼, 송곳 등이 있는 곳, 피곤을 자아내는 수고가 있는 곳, 노예와 같이 또는 노예와 나란히 앉아 허리를 굽혀 생활해야 하는 곳이다. 그것 때문에 그는 자기 자신과 다른 사람들에게서 노예같이 비천하게 인식되었을 것이며, 장인들이 갖는 신분의 결여 그리고

멸시와 천대를 받아야 했다.[29]

바울은 자신의 노동을 육체의 욕망과 본인 삶의 안전이 아닌 선교와 사랑을 하는 기회로 삼았다. 그래서 바울은 에베소교회 장로들에게 고별 설교를 할 때 "여러분이 아는 바와 같이 이 손으로 나와 내 동행들이 쓰는 것을 충당하여 범사에 여러분에게 모본을 보여 준 바와 같이 수고하여 약한 사람들을 돕고."(행 20:34-35)라는 말을 할 수 있었다.

바울은 고린도 교인들에게 사도의 권리를 말하면서 "어찌 나와 바나바만 일하지 아니할 권리가 없겠느냐…다른 이들도 너희에게 이런 권리를 가졌거든 하물며 우리일까보냐 그러나 우리가 이 권리를 쓰지 아니하고 범사에 참는 것은 그리스도의 복음에 아무 장애가 없게 하려 함이로다."(고전 9:6,12)라고 그 이유를 설명했다. 바울은 복음에 아무 장애가 없도록 하려고 텐트 메이커(Tent Maker)로서 자비량 전도를 했고, 일하지 않을 수 있는 사도의 권리를 포기했다.

하지만 바울이 사역 기간 내내 모든 이방 교회로부터 재정적인 도움을 전혀 받지 않았던 것은 아니다. 즉 바울이 복음을 전하려고 머물렀던 지역 교회에서 물질적으로 후원받는 것은 거절했지만, 다른 지역에 있는 교회에서 오는 후원마저 거절한 것은 아니었다. 성경을 보면 바울은 빌립보교회에서 몇 차례 재정적 지원을 받았다.

사람들은 선교사들이 처한 어려운 상황을 감안하여 그들에 대해서는 자비량이든 지원이든 유연하게 받아들인다. 그렇다면 자비량 목회를 자비량 선교와 동일하게 받아들일 수 있을까?

일반적으로 선교와 목회의 차이를 말할 때 선교는 문화와 언어가 다르며 종족이 다른 사람들에게 복음을 전하는 것이고, 목회는 같은 문화·같은 언어·같은 종족에게 복음을 전하는 것이라고 정의를 내린다. 이것은 복음을 이방인에게 전하는 것에 초점을 맞춘 결과이다. 그러나 목회자가 어느 문화에서 복음을 전하든 자신의 것을 다 포기하고 보수를 받지 못하고 있다면 선교사라고 말할 수 있다. 왜냐하면 목회는 성도들의 재정적인 돌봄을 받으면서 하는 것이기 때문이다. 그러나 개척 교회 목회자는 받기보다 오히려 주는 자로 살기 때문에, 이런 측면에서 개척 교회 목회자는 선교사와 다를 바 없다.

미국 남침례교단의 개척 교회 운동인 느헤미야 프로젝트의 책임자이며 사우스웨스턴신학교 교수를 역임한 에드 스테처(Ed Stezer) 박사는, 자비량 목회는 오랜 경험으로 보증된 성경적인 방법으로 모든 교회 개척자가 숙고해 보아야 할 교회 개척의 한 방법이라고 주장한다. 미국 남침례교단의 경우 4만여 목회자들이 풀타임 혹은 파트타임의 일을 하고 있다고 한다.[30]

초대 교회 시대에는 자비량 사역자들이 교회를 이끌었다. 초대 교회 공의회에서 주로 토론했던 주제는 "목회자가 세상에서 돈을 벌 것인가? 아니면 교회에서 재정 지원을 받을 것인가?"가 아니었다. 왜냐하면 많은 사역자들이 이미 세상에서 일을 하고 있었기 때문이다. 자비량 목회는 성경적인 근거가 있을 뿐 아니라 역사적으로도 존재해 왔다. 따라서 간단히 가부를 결정할 수 있는 일이 아니다. 바울이 그랬듯이 현실적으로 필요하다면 충분히 할 수 있다.

하지만 자비량 목회를 바라보는 한국 교회의 시선은 부정적이다. 인구가 한정되어 있는 시골 교회 목회자의 자비량 목회는 어쩔 수 없는 현실로 받아들여지지만 도시 교회 목회자는 그 입장이 다르다. 자비량 목회를 하면 목회자가 무능하고 최선을 다하지 못했기 때문에 생긴 결과라고 사람들에게 눈초리를 받을 뿐 아니라 실패자로 낙인찍히는 경향이 있다. 따라서 자비량 목회는 가볍게 다룰 수 있는 주제가 아니다.

2014년 10월 17일, 목회사회학연구소에서는 "목회자의 이중직, 불법에서 활성화까지"라는 주제로 세미나를 개최했다. 이날 조성돈 교수(실천신학대학원대학교)는 대부분의 교단들이 목회자의 생계를 책임져 주지도 않으면서 이중직 금지 조항만 만들어 놓고 있다고 말했다. 또한 각 교단은 목회자 중 66.7%가 생활고에 시달리고 있고, 70%가 넘는 목회자들이 이중직에 대해 긍정적인 생각을 하고 있다는 것에 주목하면서 겸직 조항을 해지해야 한다고 주장했다.[31]

그러나 현실적으로 목회자들이 일자리를 찾는 것은 쉽지 않다.

전문적으로 알선해 주는 곳도 없고 아무런 제도적 뒷받침도 없기 때문이다. 더구나 아는 사람을 통해서 일하는 것은 정말 어렵다. 서로 간의 체면 때문에 대부분 정보지를 통해 구직하는데 목회자가 할 수 있는 일은 얼마 없다. 또한 두 가지 일을 동시에 잘하기도 쉽지 않다. 그렇기 때문에 목회자의 자비량 목회는 분명히 한계가 있다. 목회는 영혼을 살리는 일이기 때문에 다른 일로 방해를 받아서는 안 된다. 목회에 큰 지장을 초래하지 않는 선에서 해야 한다. 그러다 보니 목회자 대신 사모가 일을 할 수 밖에 없는 것이다.

자비량 목회에 대한 의견이 분분하다. 적절한 대안이 절실히 필요하다고 생각하는 즈음에 조성돈 교수가 제안한 내용이 마음에 와닿는다. 그는 교단이 목회자의 최저생계비를 반드시 지원해 주어야 하는데 그렇지 못할 경우에는 목회자의 일자리 창출에 힘써야 하고 목회하는 데 큰 부담이 없는 일을 찾아야 한다고 강조했다. 이제는 교단이 나서야 한다는 조 교수의 주장에 우리는 동의한다.

1970-1980년에 교회 성장을 이룬 목회자들은 오늘날 개척 교회 목회자들에게 더 기도하고 더 열심히 일하면 부흥을 이룰 수 있다고 조언한다. 그러나 오늘날 성장이 멈춘 시점에서 그런 조언을 해 주기보다는 그들을 이해해 주고 격려해 주어야 한다. 또한 말로만이 아닌 실제적인 격려와 도움이 필요하다. 일각에서는 목회자들에게 자비량을 권하면서 그것이 마치 교회 개혁인양 말하고 있는데 그것은 지나친 것이다. 바울은 목회자의 권리에 대해 "성전의 일을

하는 이들은 성전에서 나는 것을 먹으며 제단에서 섬기는 이들은 제단과 함께 나누는 것을 너희가 알지 못하느냐 이와 같이 주께서도 복음 전하는 자들이 복음으로 말미암아 살리라 명하셨느니라."(고전 9:13-14)고 했다. 목회자가 교회에서 사례비를 받는 것은 당연한 것이고 지극히 성경적이라고 할 수 있다.

다만 바울과 같이 복음을 위해 자비량이 필요하다고 생각하면 목회자가 자의로 그것을 선택할 수 있다. 그렇다면 선택의 기준은 무엇이어야 할까? 바울은 생계를 위해 텐트를 만들었지만 궁극적으로는 복음을 전하는 데 아무런 장애가 없도록 하려고 자비량을 선택했다. 그 무엇보다도 중요한 것은 '복음'이다. 그렇다면 이 차원에서 자비량 문제를 정리해 볼 수 있다. 오늘날 논의되고 있는 자비량 목회의 목적은 어디에 있는가? 목회자의 생계를 위한 것인가, 아니면 복음을 위한 것인가?

현실적으로 직업을 가지고 일하면서 목회하는 것은 두 마리 토끼를 쫓는 것과 같다. 실제로 자비량을 하고 있는 목회자의 말을 들어보면 목회에 전념하기 어렵고 예배와 설교 준비에 지장이 있다고 한다. 결국 복음을 위하는 일이 우선이고, 그것이 선택의 기준이라면 가장 좋은 것은 무엇일까? 목회자는 생활이 어렵더라도 자족하면서 오직 목회에만 전념해야 한다. 이것이 그동안 자비량에 대해 우리가 토론하고 고민한 끝에 내린 결론이다.

이제 정리해 보자. 개척 교회 목회자들이 교회에서 재정적인 돌봄을 받지 못한다면 이들도 선교사들과 다를 바 없다는 것을 깨닫고, 교회와 성도들도 생각을 달리해야 한다. 개척 교회 목회자들이 자비량하는 것을 부정적으로 보는 것은 옳지 않다. 상황에 따라 자비량 목회를 할 수 있다. 그것은 좋은 일이다. 하지만 그들이 오직 복음을 위해 살 수 있도록 미리 도울 수 있다면 그것은 더욱 좋은 일이다.

작은 교회의 존재 의미는 무엇인가?

정신분석학자인 프로이드(Sigmund Freud)는 인간의 기본 욕구를 "쾌락을 지향하는 의지"라고 했고, 프로이드를 계승한 아들러(Alfred Adler)는 심층심리학의 창시자로서 인간의 의식적·무의식적인 경향을 "권력을 지향하는 의지"라고 규정했다. 그러나 빅터 프랭클(Viktor E. Frankl)은 인간이 지닌 가장 기본적인 정신을 "의미를 지향하는 의지"라고 주장했다.

아우슈비츠 나치 포로수용소에서 정신과 의사 빅터 프랭클은 배고픔과 추위를 느끼고 짐승 같은 취급을 당하는 등 시간마다 죽음의 공포에 떨면서 삶의 의미를 상실한 사람들이 힘없이 죽어 가는 모습을 지켜보았다. 그러나 그 와중에도 고난을 견뎌 내는 사람들이 있었는데 그들에게는 살아야 하는 이유가 존재했다. 프랭클은 극한 상황 속에서 나타나는 인간 행동을 지켜본 경험을 바탕으로

"의미치료"(Logotherapy)를 개발해 세계적으로 선풍을 일으켰다. 의미치료란 우리에게 주어진 환경이나 조건이 자신을 고통스럽게 할 수 있지만, 아무리 어려운 역경일지라도 삶에는 의미가 있고, 각자에게는 나름대로 삶의 의미를 찾을 수 있는 의지가 있으며, 책임 역시도 자신에게 달려 있다는 것이다.[32]

한번은 나이 많은 의사가 심한 신경쇠약 때문에 빅터 프랭클을 찾아왔다. 그는 2년 전에 몹시 사랑했던 부인을 잃고는 그 충격에서 벗어나지 못하고 있었다. '어떻게 하면 그를 도울 수 있을까? 그에게 뭐라고 말하면 좋을까?' 프랭클은 이런 고민을 하면서 노 의사에게 아무 말을 하지 않고 그 대신 "당신이 먼저 죽고 당신 부인이 살아남았다면 어떻게 되었을까요?"라고 질문했다. 노 의사는 "그녀에게는 참기 어려운 고통이었을 것입니다."라고 대답했다. 그러자 프랭클은 그 말을 듣고 "부인이 그런 고통을 받지 않게 되었고, 그 대신 선생님이 그 고통을 받게 되었습니다. 이제는 선생님이 살아남아 부인을 애도하며 그 대가를 치러야지요."라고 말했다. 노 의사는 아무 말도 하지 않고 프랭클의 손을 잡고서는 조용히 사무실을 떠났다. 고난은 그 의미를 발견하는 순간 고난이 되기를 그친다.[33]

우리는 의미의 중요성을 알고 있기 때문에 교회를 개척한 이후 끊임없이 묻고 또 물었던 것이 작은 교회의 존재 의미, 곧 정체성의 문제였다. 큰 교회를 선호하는 시대에 굳이 작은 교회가 어려움을 겪으면서 존재해야 하고, 미자립 상태에서 끝까지 버텨야 하는 이유는 무엇일까? 작은 교회 목회자들이 소신껏 목회하려면 이 질문에 답할 수 있어야 한다.

어느 여 집사가 자기 아들과 함께 담임목사 사무실에 들어와서 기도를 부탁했다. "목사님! 우리 아들이 앞으로 아주 큰 그릇이 되도록 기도해 주세요." 목사는 그 집사의 소원대로 기도해 주었다. 하지만 기도를 받고 나온 아들은 엄마에게 이렇게 말했다. "엄마! 나는 큰 그릇이 되기 싫어요. 작은 그릇이 될래요." 깜짝 놀란 엄마는 아들의 머리를 쥐어박으면서 "뭐라고? 받은 은혜 다 쏟아지니까 그런 소리하지 마."라고 말했다. 그러자 아들은 "큰 그릇은 일 년에 한 번 크게 잔치할 때나 쓰지만 작은 그릇은 언제 어디서나 쓸 수 있잖아요."라고 주장했다.

의미가 담긴 흥미로운 이야기이다. 주방에는 다양한 그릇이 있다. 큰 그릇도 있고 아주 작은 그릇도 있다. 값비싼 그릇도 있고 싸구려 그릇도 있다. 그릇마다 각각 용도가 있다. 바울은 일꾼에 대해 권면하면서 "큰 집에는 금 그릇과 은 그릇뿐 아니라 나무 그릇과 질그릇도 있어 귀하게 쓰는 것도 있고 천하게 쓰는 것도 있나니."(딤후 2:20)라고 했다. 누구나 다 큰 그릇이 되고, 금 그릇이 될 수는 없다. 어떤 그릇인지는 절대 주권자이신 하나님이 정하신다.

목회자는 스스로 자신이 어떤 그릇에 속하는지를 알아야 한다. 그럴 때 자기 정체성이 확립된다. 정체성이 없는 목회자는 늘 쫓기고 큰 교회를 세우지 못해 낙심하고 좌절한다. 하지만 정체성이 있는 목회자는 자신의 그릇의 크기를 겸손히 인정하고, 다른 사람과 비교하거나 경쟁하지 않으며, 평안한 마음으로 목회한다.

Y 목사는 부교역자로 13년 동안 사역하면서 다양한 경험을 했는데, 큰 교회에서 기획관리실장으로 각 부서를 관리하며 대규모 행사를 진행하기도 했다. 그는 자신이 교회를 개척하면 적어도 몇천 명이 나오는 교회를 세울 수 있을 것이라고 생각했다. 그러나 개척을 하고 나서 자신의 그릇 크기가 어느 정도인지 깨달았다. 이후 그는 자신은 작은 그릇이라고 솔직히 고백했고, 교회를 성장시키지 못한 부담과 억눌림에서 벗어날 수 있었다.

성경 어느 곳을 봐도 하나님은 교회를 크게 키우라고 요청한 적이 없으시다. 규모가 크다고 칭찬한 적도, 작다고 무시하신 적도 없으시다. 오히려 예수님은 가난한 과부의 두 렙돈 헌금을 칭찬하셨고, 가난하고 능력이 없지만 믿음으로 행하고자 힘쓴 교회들을 칭찬하셨다. 대표적으로는 요한계시록의 일곱 교회 중 서머나교회와 빌라델비아교회를 들 수 있다. 이 두 교회는 책망 없이 칭찬만 받았다.

에게 해 연안에 위치한 낭만적 도시인 서머나는 포도주 생산지로 유명했다. 수많은 사람들은 휴양을 즐기고 관광을 하려고 이곳으로 몰려들었다. 풍요롭지만 쾌락으로 흥청망청한 도시에서 교인들은 절제하며 검소한 삶을 살았다. 서머나에서 교인 수가 늘어난다는 것은 포도주를 비롯한 유흥 사업을 망하게 하는 일과 같았다. 이로 인해 서머나에서는 교인들을 눈엣가시로 여겨 조직적으로 박해했다. 서머나는 모든 것이 풍부한 자유 도시였지만 그곳의 교인들은 신앙을 지키기 위해 생명과 재산을 버렸기에 자연히 궁핍해졌다. 그러나 그들의 심령은 부유했다. 주님은 그들을 향해 "내가 네 환난과 궁핍을 알거니와 실상은 네가 부요한 자니라."(계 2:9)고 칭찬하셨다.

빌라델비아교회는 교인 수도 적었고, 부자도 없었으며, 실력자도 없었다. 외형적으로 보면 초라하고 조그마한 교회였다. 하지만 사랑이 있었다. 빌라델비아는 "형제 사랑"이라는 뜻이다. 빌라델비아교회는 이름 그대로 형제 사랑이 아주 많은 교회였다. 빌라델비아 지역에는 유대인의 회당이 있었는데 그들은 복음을 반대하고 율법주의를 주장했다. 가난한 사람들은 이런 압력에 굴복하기 쉽지만 빌라델비아 교인들은 이들과 적극적으로 싸워서 승리했다. 주님께서는 "볼지어다 내가 네 앞에 열린 문을 두었으되 능히 닫을 사람이 없으리라 내가 네 행위를 아노니 네가 작은 능력을 가지고서도 내 말을 지키며 내 이름을 배반하지 아니하였도다."(계 3:8)라고 칭찬하셨다.

교회를 향한 주님의 관심은 크기가 아니라 얼마나 교회다운가에 있다. 교회를 구분할 때 '큰 교회'와 '크지 못한 교회'로 구분하는 것은 문제가 있다. 그런데 오늘날 우리는 교회를 만 명 이상의 교회, 천 명 이상의 교회로 구분한다. 이런 현실 속에서 작은 교회는 무시된다. 모임에 가도 작은 교회 목회자는 작다는 이유로 소외당한다.

그러면 작은 교회의 존재 의미는 무엇일까? 작은 교회는 중대형 교회로 가는 과정에 있는 교회가 아니다. 작은 교회를 크지 못해 실패한 교회, 무능한 교회, 있으나마나한 교회로 생각하면 안 된다. 키가 큰 사람이 있는 반면에 키가 작은 사람이 있는 것처럼 큰 교회도 있고 또 작은 교회도 있다. 작은 교회는 그저 작은 교회일 뿐이다. 교회는 크고 작은 것이 중요한 것이 아니다. 그런 것이 더 이상 논란거리가 되어서는 안 된다. 작은 교회의 존재 의미를 묻는 것은 작은 꽃의 존재 의미를 묻는 것과 같다. 작은 꽃은 작은 대로 아름답다. 작은 교회도 마찬가지이다. 자존감을 크기에 두지 말아야 한다. 예배당의 크고 작음에, 교인의 많고 적음에, 일꾼이 있고 없음에 일희일비하지 말아야 한다.

어느 날 어거스틴에게 제자가 찾아와 자신이 무슨 일을 해야 하느냐고 물었다. 어거스틴은 매우 간단하게 대답했다. "그저 사랑하시오!"[34] 목회자가 할 일은 단지 하나님을 사랑하고 이웃을 사랑하는 일이다. 하나님은 우리가 사랑하는 일을 하도록 성령을 부어 주셨다(롬 5:5). 작은 교회 목회자들은 큰일은 못할지라도 중요하고 의미 있는 일, 소중하고 가치 있는 일은 할 수 있다.

물량주의 시대를 살면서 크고 시설 좋은 교회가 많이 있지만 열악하고 뒤쳐져 있는 것 같아 보이는 작은 교회를 섬기는 교인들을 보면 사랑스럽고 존경스럽기까지 하다. 우리는 영리하지 못한 그들에게 감사해하며, 작은 교회 교인으로서의 자긍심을 심어 주어야 한다. 그 자긍심이란 무엇일까? 작은 교회도 하나님이 사랑하시고 기뻐하시며 예배 중에 임재하신다는 것이다.

이제는 의식의 전환이 필요하다. 신학교에서부터 목회를 준비하는 자들에게 왜곡된 믿음이나 허황된 꿈을 갖도록 부추기지 말아야 한다. 냉정하게 현실을 볼 수 있게 가르쳐서 오직 십자가만을 사랑하며 기꺼이 작은 교회 목회자로도 살아갈 준비를 하도록 해 주어야 한다. 아직도 성장주의에 빠져 교회를 키우기 위해 안달하고 있는가? 큰 교회가 되기 위한 경쟁에서 낙오하여 주눅이 들고 열등감에 이지러진 목회자로 살고 있는가? 그렇다면 이제는 생각을 바꾸어야 한다. 편견 없이 성경을 다시 읽고 작은 교회에 대한 올바른 정체성을 가져야 한다.

큰 교회와 작은 교회는 서로 각각의 장점이 있다. 큰 교회가 지닌 장점은 무엇보다도 편리함이다. 겨울에는 따뜻하고 여름에는 시원하다. 모든 시설이 좋다. 둘째는 은혜로운 예배 분위기이다. 셋째는 조직이 명확하다. 많은 교인이 조직적으로 움직인다. 넷째는 재정이 넉넉하므로 선교 사업, 구제 사업, 교육 사업에서 큰 성과를 거둔다. 다섯째는, 주일학교가 훌륭하게 운영된다. 젊은 부모들이 대형 교회로 옮겨 가는 것은 자녀들이 좋은 여건에서 신앙 교육을 받을 수 있기 때문이다.

큰 교회에서 사역한 경험이 있는 Y 목사는 큰 교회의 장점을 잘 알고 있다. 그는 "큰 교회의 편리성과 전문성과 익명성이 사람들을 끌어당긴다."라고 말한다. 그러나 "교회의 대형화는 필연적으로 공동체성의 약화를 가져온다."라고 문제를 제기한다.

교회는 하나님의 말씀을 기초로 하여 그리스도 안에서 성도가 교제하는 사랑의 공동체이다. 성도들이 거룩한 하나님의 성전으로 지어져 가고, 그리스도의 분량에 이르기까지 자라가는 사랑의 공동체이다. 그러나 교회가 커지면 사랑의 공동체가 되기 어렵다. 큰 교회의 성장은 경쟁에서 비롯되기 때문이다. 큰 교회에서 교구장들은 동료가 아니라 경쟁자이다. 성장 목표가 주어지면 교인들도 자연히 경쟁에 불이 붙는다.

교회의 대형화 문제 중 가장 심각한 것은 그리스도의 몸인 교회 안에 '군중 속의 고독' 현상이 나타나는 것이다. 큰 교회에서 보장되는 익명성은 점잖은 교인들을 양산했을 뿐 아니라, 성도의 교제를 거추장스러운 것으로 만들어 버렸다. 그들은 예배 시간 직전에 자동차로 물밀 듯이 몰려왔다가 송영과 더불어 물밀 듯이 다시 떠난다.[35]

그렇다면 작은 교회의 장점은 무엇일까? 첫째, 친밀한 소그룹이 가능하기 때문에 우리가 이상적으로 생각하는 초대 교회, 즉 신앙 공동체의 원형에 가까운 교회가 될 수 있는 가능성이 높다. 둘째,

순수하고 개혁 지향적 목회를 할 수 있다. 셋째, 성도들을 신앙의 본질에 집중시킬 수 있다. 넷째, 조직이 간단하고 기동성이 있기 때문에 하나님의 뜻에 신속하게 순종할 수 있다.

우리가 추구하는 작은 교회는 작지만 건강하고 공동체성이 있는 곳이다. 작은 교회는 자신의 장점을 살려 당당하게 작은 교회로서 정체성을 갖고 존재하기 위해 더욱 분발할 필요가 있다. 그래서 작은 교회가 하나의 존재 양식과 교회 문화로 자리 잡을 수 있어야 한다. 그러면 작은 교회를 바라보는 사람들의 부정적인 시각도 자연히 긍정적으로 바뀌게 될 것이다.

작은
날갯짓도
의미가 있을까?

"나비효과"(the butterfly effect)라는 유명한 이론이 있다. 나비효
과라는 표현은 미국 매사추세스공과대학교(MZT)의 에드워드 노
턴 로렌츠(E. N. Lorentz) 교수가 1972년에 미국 과학부흥협회에서
강연한 "예측 가능성 – 브라질에서의 한 나비의 날갯짓이 텍사스에
돌풍을 일으킬 수도 있는가?"에서 유래했다. 그는 기상을 연구하다
가 우연히 작은 사건이 나중에 엄청난 폭풍을 몰고 온다는 사실을
발견하고는 나비효과라고 이름을 붙였다. 나비효과란 이런 것이다.

브라질 아마존 강 밀림 지역에서 나비 한 마리가 날갯짓을 했다.
그로 인해 바로 옆에 있던 작은 벌레가 밑에서 놀고 있던 원숭이 등
에 떨어졌다. 원숭이는 그 벌레 때문에 등이 가려워 야자나무에 비
벼 대다가 야자열매를 떨어뜨렸고, 그 열매는 돌에 부딪쳐 작은 돌
들을 구르게 했다. 그 돌들은 큰 바위를 지탱한 작은 돌을 밀어내면

서 작은 산사태를 일으켰다. 산사태는 작은 시냇물을 막았고, 차오른 물은 화산의 분화구를 막았다. 가스 압력이 높아지자 화산이 폭발했고, 이는 대기의 기류를 바꿔 결국은 미국 텍사스에 돌풍(Tornado)을 일으켰다.

사람들은 나비효과를 매우 놀라운 이론으로 받아들이지만 성경을 알면 이 이론은 그다지 충격적이지 않다. "네 시작은 미약하였으나 네 나중은 심히 창대하리라."(욥 8:7)는 말씀처럼 이 세상 모든 일의 시작은 항상 보잘 것 없기 때문이다. 성경은 작게 시작한 것이 엄청난 결과를 가져오는 이 나비효과야말로 하나님 나라의 원리라고 증거한다. 예수님은 마태복음 13장에서 겨자씨와 누룩 비유를 통해 아주 보잘것없는 작은 것에서 천국은 시작된다고 말씀하셨다.

요셉은 형들에게 미움을 받아 종으로 팔려 갔고, 억울한 누명을 쓰고 감옥에 갇혔지만 그 일이 요셉을 애굽의 총리로 만들어 줄지 누가 알았을까? 모세가 갈대 상자에 담겨 나일 강에 띄어질 때 그 일로 모세가 애굽 왕자가 되고 장차 히브리 민족을 구원할 자가 될 것이라고 누가 알았을까? 하만이 유다인들을 몰살하려고 했을 때 에스더가 구원의 역사를 일으킬 줄 누가 알았을까?

벳새다 광야에서 어린아이가 예수님께 바친 도시락이 굶주린 수만 명의 군중을 배부르게 했다. 이는 어린아이가 한 작은 행동이 예수님의 능력과 만난 것이다. 남편을 다섯 번이나 바꾸고 여섯 번째 남편과 살고 있는 부도덕한 여인이 사마리아를 복음화하는 주인공이 되었다. 빌립 집사가 에디오피아 간다게의 내시 한 사람을 전도함으로써 그곳에 복음화가 이루어졌다. 작고 초라하며 비참한 일들이 크고 놀라운 일들을 만드는 계기가 되었다. 이것이 바로 믿음의 나비효과다.

슈테른베르그(Stenberg)는 독일의 평범한 화가였다. 그는 교회를 다녔지만 구원의 확신이 없는 명목상 그리스도인이었다. 그 당시 화가들은 정기적으로 성화를 한 장씩 그리는 것이 관례였기 때문에 그도 예수님이 십자가에 못 박힌 장면을 그려서 화실 한편에 세워두었다.

어느 날 슈테른베르그는 페피타라는 아리따운 집시 아가씨를 우연히 보고 그녀를 모델로 해서 그림을 그렸다. 작업이 끝나자 집시 아가씨는 슈테른베르그의 성화를 보고 "벌거벗긴 채 십자가에 달린 저 사람은 무슨 죄를 지었나요?"라고 물었다. 슈테른베르그는 믿음이 없었지만 교회에서 들은 대로 설명해 주었다. "저 사람은 죄인이 아닙니다. 하나님의 아들이고 의로운 사람입니다. 다만 우리를 죄에서 구원하기 위해, 우리 죄를 대신하기 위해, 우리 죄를 짊어지고 십자가에 못 박히신 것입니다."

"선생님, 그렇다면 내 죄를 위해서도 저 분이 십자가에 달리셨나요?" "예, 그렇습니다." "그렇다면 선생님의 죄도 저 분이 담당하셨나요?" "예, 그렇습니다." "아! 참 고마운 분이군요. 나는 그런 줄 몰랐어요. 저 분을 위해 무엇을 해야 합니까?""가까운 교회에 나가 하나님을 믿으세요."집시 아가씨는 고개를 끄덕이며 화실을 떠났다.

그 후 슈테른베르그의 머릿속에는 집시 아가씨의 질문이 떠나지 않았다. "저 분이 선생님의 죄를 위해서도 십자가에 못 박히셨나요?"그 말이 계속 떠오르자 그는 괴로워서 견딜 수가 없었다. 그날 밤, 그는 자신이 그린 그림 앞에 무릎을 꿇고 그동안 머리로만 예수님을 믿었던 것을 회개했다. 그리고 "이제 주님을 위해 살고 싶습니다. 주님께 저의 삶을 드립니다."라고 고백한 후 그림 밑에 문장 하나를 써 넣었다.

"내 너를 위해 몸 바쳐 피 흘렸건만 너는 나를 위해 무엇 하느냐?"

그 그림이 어느 한 미술관에 걸리자 많은 사람들이 찾아왔다. 어느 날은 진젠도르프(Nikolas Ludwig Zinzendorf)라는 젊은 백작이 우연히 미술관에 들러 그림을 돌아보다가 슈테른베르그가 그린 그림 앞에 감전된 듯 서 있었다. 그림 밑에 쓰인 성경 구절이 그의 심장에 비수같이 꽂혔던 것이다. 그는 십자가에 못 박히신 예수님의 모습을 보고 그 앞에 무릎을 꿇었다. 그 후 진젠도르프 백작의 삶은 온전히 변화되었다. 그는 많은 재산을 모라비안 형제단(Moravian Brethren)이라는 선교단체에 헌금하고, 그 자신도 선교단의 일원이 되었다. 그의 헌금과 헌신을 통해 재정적으로 어려웠던 모라비안 형제단은 다시 일어날 수 있었다.

모라비안 형제단은 아메리카 대륙에 가서도 복음을 전했는데 한 번은 아메리카 대륙으로 선교하러 가던 중에 큰 폭풍을 만났다. 사람들이 죽음의 공포로 울부짖고 있을 때 그들은 담대하게 찬송하며 기도했다. 그 모습을 부끄러운 마음으로 지켜보던 한 사람이 있었는데 그가 바로 존 웨슬리(John Wesley)였다. 다른 사람들처럼 두려움에 떨고 있던 웨슬리는 모라비안 선교사들의 모습을 통해 찔림을 받고 자신의 구원 문제를 심각하게 고민했다고 한다.

이후 웨슬리는 올더스케잇이라는 거리를 지나다가 한 작은 교회에서 루터의 로마서 주석 서문을 누군가가 읽는 것을 듣고 성령을 체험한 후 변화되었다. 그 후 그는 말을 타고 전 영국을 다니면서 영국의 부패와 죄를 지적하며 하나님 앞에 회개하고 돌아올 것을 외쳤다. 그 결과 많은 영국 사람이 하나님 앞에 돌아오게 되었고, 웨슬리 당대에 감리교단이 만들어졌다.

한 사람의 변화가 이렇게 큰 영향력을 미친다. 집시 아가씨 페피타가 흘린 감격의 눈물이 화가 슈테른베르그를 회개시켰고, 그의 변화가 진젠도르프 백작을 변화시켰으며, 진젠도르프를 통해 모라비안 형제단이 위기에서 벗어났다. 모라비안 형제단의 선교사들은 존 웨슬리를 변화시켰고, 존 웨슬리는 18세기 영국 사회를 움직였다. 웨슬리 성결 운동은 19세기 영국 교회의 세계 선교, 나아가 20세기 미국 교회 부흥운동의 불씨가 되었다. 이것이 믿음의 나비효과이다. 이것을 어찌 우연이라고 할 수 있겠는가? 하나님은 지극히 작은 한 사람을 통해 일하신다. 한 사람이 흘린 감격의 눈물이 놀라운 역사를 이끌어 낸다.

스코틀랜드에서 목회하시는 목사님 두 분이 서로 만나서 자신의 목회 이야기를 나누게 되었다. 이 두 목사님은 성실하게 목회했지만 사역의 열매가 별로 없었다. 한 목사님이 먼저 "사실 저는 지난 3년 동안 사역을 했지만 진정한 의미에서 거듭난 성도는 아직 한 사람밖에 얻지 못했습니다."라고 말했다. 그 한 사람은 로버트 모펫이라는 청년이었다. 또 한 목사님은 이렇게 말했다. "최근에 우리 교회에서 한 주 동안 부흥회를 했습니다. 저는 큰 기대를 하고 열심히 집회를 인도했는데 예수님을 영접하고 헌신한 사람은 단 한 사람밖에 없었습니다." 그 한 사람은 데이비드 리빙스턴이라는 소년이었다.

이렇게 목사님 두 분은 서로 목회 생활의 쓰라린 경험을 나누었다. 그런데 수년이 지난 후 놀라운 사건이 일어났다. 한 목사님이 3년 만에 얻은 한 사람, 로버트 모펫은 아프리카 선교의 기초적인 틀을 마련한 선교사가 되었고, 또 한 목사님이 부흥회를 통해 영접한 단 한 사람, 데이비드 리빙스턴은 아프리카 대륙에 예수 그리스도 복음의 불을 지른 선교사가 되었던 것이다.

전라남도 남해 바다의 한 작은 섬에 소박맞은 한 여성이 있었다. 그녀는 아이를 낳지 못해 시댁에서 쫓겨났다. 그녀는 자살을 시도

하려다가 예수님을 영접하고는 전도자가 되었다. 그녀는 평생을 바쳐서 섬 아이들을 모아놓고 성경을 가르쳤다. 그녀가 바로 요즘 새롭게 주목받고 있는 고 문준경 전도사이다. 그녀는 박복한 인생을 산 것 같았지만 결코 그렇지 않았다. 그녀가 가르친 섬 아이들 가운데는 중앙성결교회 담임이었던 이만신 목사, 한국 CCC 총재였던 김준곤 목사, 한신대학교 상담학 교수인 정태기 목사가 있었던 것이다. J 목사는 러시아에서 선교하면서 제자 세 명을 키웠는데 이들은 러시아 목사로 현재 우수리스크와 블라디보스톡 그리고 다게스탄에서 목회를 하고 있다.

목회가 지지부진하다 보면 '나 같은 사람 한 사람쯤 없어도 무슨 상관이야?'라는 생각이 들 때가 있다. '주변에 교회가 많은데 우리 교회 하나 쯤 없어도 무슨 상관일까?'라는 생각이 들 때도 있다. 하지만 '나 하나쯤'이라는 생각을 '나 하나라도'라는 생각으로 바꾸어야 한다. 하나님은 생각을 바꾼 그 한 사람을 쓰신다. 그러나 사람들은 그 한 사람이 바로 나일 수 있다는 생각을 하지 못한다.

하나님은 중심을 보시지만 사람은 외모를 보기 때문에 사람들은 외모를 가꾸어야 한다고 생각한다. 그래서 교회도 세상 사람의 관심을 끌기 위해 빚을 내서라도 교회 건물을 웅장하고 멋지게 지으려고 한다. 그런 다음에는 사람들이 몰려올 것을 기대한다. 그러나 현실은 그렇지 못하다. 오히려 세상 사람들은 교회가 상업주의에 물들었다고 외면한다. 전도는 세상 끝날까지 그리스도인이 해야 할 거룩한 사명이다. 하지만 그들의 눈에 전도는 교인 확보 경쟁의 도구로만 보인다.[36] 우리는 무엇이 본질인지 잘 생각해 보아야 한다. 주객이 전도되면 안 된다.

성경을 보면 하나님은 합리적으로 역사하지 않으신다. 사람이 상상할 수 없는 일들을 하시며, 언제나 사람의 생각을 뛰어넘는다. 그 한 예가 사람을 쓰시는 방법이다. 하나님께서 부르신 자들을 보면 육체를 따라 지혜로운 자가 많지 않았고, 능한 자가 많지 않았으며, 문벌 좋은 자가 많지 않았다. 하나님께서 택하신 자들은 세상의 천한 것들, 멸시받는 것들, 없는 것들이었다.

사마리아 여인은 남편을 다섯 번이나 바꾸었지만 여전히 목말라했다. 하지만 예수님을 만나면서부터 영원히 목마르지 않는 생수를 얻게 되었고, 예수님을 전하는 사람이 되었다. 일반적으로 생각할 때 사마리아 여인은 멸시받는 자로서 전도할 자격이 없는 사람이었다. 그녀가 예수님을 만난 직후 외적으로 달라진 것은 아무 것도 없었다. 사람들에게 그녀는 여전히 손가락질당하는 부도덕한 여자였다. 하지만 그녀가 전도할 수 있었던 것은 예수님을 만났기 때문이다.

우리는 자격, 조건, 환경, 능력 등 외적인 것에 너무 신경을 쓸 필요가 없다. 하나님은 마른 막대기와 나귀 턱뼈로도 큰일을 하시는 분이시다. 우리가 이 땅에 하나님 나라를 이루는 일은 "예수님은 그리스도이시다. 그 예수님을 만났다."라는 메시지 하나면 충분하다. 우리는 단지 도구일 뿐이다. 우리는 여전히 미약해 보이고, 우리 교회는 초라한 것 같으며, 지금 우리가 하는 일은 나비의 미미한 날갯짓과 같아 보일 수 있다. 하지만 하나님께서 역사하시면 우리의 작은 날갯짓이 하나님 나라를 세우는 데 어떤 나비효과를 나타낼지 알 수 없다.

신앙생활의 묘미는 불가능을 가능하게 하는 기적, 한순간에 뒤집어지는 반전 그리고 저 높이 뛰어오르는 비약에 있다. 홍해가 갈라지는 기적의 역사와 모르드개를 매달려던 나무에 하만이 매달리는 반전(에 7:10) 그리고 애벌레가 나방이 되는 것과 같은 비약이 신앙생활을 활기차게 한다. 하나님께서 역사하시면 우리 인생에 무슨 일이 일어날지 예측할 수 없다. 따라서 섣부른 판단은 하지 말아야 한다. 우리는 환경과 현실을 보지 말고 하나님을 바라보아야 한다. 작다고 할지라도 할 수 있는 일이 있다는 것에 감사하며, 주어진 일에 묵묵히 최선을 다해야 한다.

작은 교회는 어떻게 존재해야 하나?

한국 교회의 미래가 암울하다면 작은 교회, 특히 미자립 교회의 미래는 더욱 어두울 수밖에 없다. 과연 작은 교회에도 미래가 있을까? 지금 개척 교회는 어떤 희망이 있을까? 성도가 10여 명밖에 없는 미자립 교회가 5년, 10년 그 이상 그나마 버틸 수 있는 것은 믿음의 가족이 든든한 버팀목이 되어 주고 있기 때문이다. 우리도 교회 개척을 하면서 가족이 소중하다는 것을 깨달았다. 그리고 "작은 교회는 어떻게 존재해야 하는가?"라는 물음에 "가족이 희망이다."라는 답을 하게 되었다.

이 세상에 가족처럼 소중한 존재는 없다. 우리는 가족을 통해 절대적인 지지를 받고, 정을 나누며, 정서적인 만족과 친밀감을 누린다. 물론 정상적인 가정일 경우를 전제로 하는 말이다. 굳이 이 말을 하는 이유는 우리나라 가정이 상당수 역기능적이기 때문에 이의를 제기할 수도 있다는 생각에서이다.

초대 교회가 박해받는 상황 때문에 가정을 예배 장소로 선택했다면, 지금은 경제적인 이유로 다시 가정을 선택해야 한다. 목회자 개인이 하는 교회 개척은 점점 어려워지고 있다. 적당한 규모의 장소를 빌려서 교회를 개척하기에는 경제적인 부담이 너무 크기 때문이다. 믿음으로 시작했다가 임대료를 감당하지 못하고 문을 닫는 경우가 허다하다. 그렇기 때문에 목회자 개인이 하는 교회 개척은 초대 교회처럼 가정 중심적이어야 하고, 가족 교회이어야 한다. 개척교회를 하면서 가족 중심의 교회가 되었다고 해도 그것은 부끄러운 일이 아니다. 오히려 가족들이 주님의 몸된 교회를 섬기며, 목회자와 고난을 함께하는 것은 자랑스러운 일이다.

가족의 중요성은 성경에서도 확인할 수 있다. 방주로 인도된 사람들은 노아와 그의 가족이었다. 하나님과 언약을 맺은 사람들은 아브라함과 그의 가족이었다. 오늘날 이스라엘은 아브라함의 한 가족을 통해 이루어졌다. 그리스도인은 태어나서 혼자 살다가 가는 것이 아니라 태어날 때부터 필연적으로 하나님의 섭리 가운데 한 가족, 한 교회의 일원이 되는 것이다.

초대 교회는 가족 전도로 확장되었다.[37] 백부장 고넬료는 그의 친척들과 가까운 친구들을 한 자리에 모으고 베드로를 초청하여 설교를 들었다(행 10:24). 고넬료가 설교하는 도중에 말씀을 듣는 모든 사람에게 성령이 임했다(행 10:44). 베드로는 놀라서 "이 사람들이 우리와 같이 성령을 받았으니 누가 능히 물로 세례 베풂을 금하리요."(행 10:47) 하며 세례를 베풀었다. 백부장 고넬료 한 사람을 통해 가족은 물론이고 친척과 친구들까지도 구원의 역사를 경험했다.

똑같은 일이 바울에게서도 일어났다. 바울이 빌립보에 갔을 때 자주 장사 루디아를 전도했고, 빌립보 감옥 간수를 전도했다. 간수가 전도되었을 때 그의 온 가족이 함께 믿고 세례를 받았다(행 16:33-34). 아마 루디아 가족도 그러했을 것이다. "두 사람(바울과 실라)이 옥에서 나와 루디아의 집에 들어가서 형제들을 만나 보고 위로하고 가니라."(행 16:40)는 말씀이 이 사실을 암시한다. 당시 로마 시대의 가족 형태는 대가족이었고, 노예까지 포함하면 그 숫자는 상당했다. 바울은 더 이상 전도하지 않고 빌립보를 떠났지만 루디아와 간수, 이 두 가족 교회가 기초가 되어 빌립보교회가 세워졌다.

신약의 교회는 가족에서부터 시작되었다. 이것은 자연스러운 일이다. 오늘날에 교회를 개척할 때도 가족은 큰 힘이 된다. 그런데 일부 목회자들은 개척 교회 안에 가족만 있는 것을 초라하게 여긴다. 이것은 초라한 것이 아니라 가족의 끈끈함과 공동체성을 보여주는 아름다운 모습이다. 친밀감의 공백이 있어서 가족 구성원이 서로 거리감을 느끼는 역기능 가족이라면 도무지 불가능한 일이다. 어떻게 보느냐에 따라 의미가 달라진다.

또 혹자는 가족이 있으면 교회 성장이 잘 안 된다고 말한다. 이것도 잘못된 생각이다. 요즘 웬만한 방법으로는 전도가 되지 않는다. 그나마 가장 효과적인 전도 방법이 인간관계 전도이다. 이것은 내 가족, 내 친척, 내 친구, 내 이웃을 대상으로 전도하는 것이다. 예수님은 "오직 성령이 너희에게 임하시면 너희가 권능을 받고 예루살렘과 온 유대와 사마리아와 땅 끝까지 이르러 내 증인이 되리라 하시니라."(행 1:8)고 말씀하셨다.

이 말씀을 적용하면 예루살렘은 가족이고, 유대는 친척이며, 사마리아는 이웃이다. 전도는 안에서부터 밖으로 확산되어 가는 것이 순서이다. 실제로 신약의 교회는 가족, 친척, 이웃 등으로 전도가 확산되어 성장했다. 가족 전도와 성장은 가장 성경적인 것이다. 이런 점에서 오늘날의 가족 교회는 개척 교회의 대안이요, 새로운 모델이다.

그렇다면 가족 교회의 성경적 근거는 무엇일까? 하나님은 신약의 교회 이전에 아브라함을 아버지로 하는 한 가족을 만드셨다. 하나님의 백성이라는 자기 정체성을 배우고, 세상과 구별되게 살며, 약속의 땅을 기다리던 소망 공동체였던 이스라엘 광야 교회는 아브라함, 이삭, 야곱의 70인 가족이 확장된 거대한 가족 공동체였다.

바울이 교회 공동체를 지칭할 때 빈번하게 가족적인 용어를 사용한 것은 그가 얼마나 교회를 가족적으로 생각했는지 알 수 있다. 그는 진정으로 가족 교회를 꿈꾸었고, 그 꿈을 실현하고자 노력했다.

그는 교회 성도를 모두 한 가족으로 여겼다. 바울이 그의 서신에서 형제, 자매, 아버지, 어머니 등 가족적 용어를 얼마나 많이 사용했는지가 바로 그 증거이다. 바울이 로마 교회에 보낸 편지를 보면 마지막 16장은 처음부터 끝까지 안부 인사다. 바울은 일일이 이름을 부르면서 감사하고 칭찬하며 격려한다. 그러면서 바울은 "주 안에서 택하심을 입은 루포와 그의 어머니에게 문안하라 그의 어머니는 곧 내 어머니니라."(롬 16:13)고 했다. 이는 가족 공동체가 무엇인지 가르쳐 준다.

사실 가족 교회의 개념은 예수님이 먼저 사용하셨다. 예수님은 어머니와 동생들과 누이들이 찾아왔을 때 "누가 내 어머니이며 동생들이냐?"라고 말씀하시고는 둘러앉은 자들을 보시며 "내 어머니와 동생들을 보라 누구든지 하나님의 뜻대로 행하는 자가 내 형제요 자매요 어머니이니라."고 하셨다(막 3:31-35). 예수님은 믿는 자가 다 한 가족임을 분명히 하신 것이다.[38] 그리고 예수님은 임종에 앞서 제자 요한에게 "보라 네 어머니라."고 하시며 마리아를 맡겼고, 요한은 그때부터 마리아를 자기 집에 모셨다(요 19:27).

우리가 추구하는 가족 교회는 목회자의 가족이 포함되기도 하지만 혈육에 국한되는 것이 아니라 예수님이 말씀하신 폭넓은 개방형 확대 가족과 신앙적 가족 공동체를 의미한다. 우리나라는 처음 보는 사이에도 쉽게 형, 동생이라 부를 수 있는 가족주의 문화여서 가족 교회를 만드는 것이 그리 어렵지 않다.

물론 유교적인 가족 관계에서 오는 문제와 폐단을 없앤다면 우리 민족에게 있는 끈끈한 가족주의는 신약 성경에서 보여 주는 친밀한 공동체로서의 가족 교회를 만드는 데 큰 장점으로 작용할 수 있다. 교회에서는 마치 계급처럼 장로, 권사, 집사라는 호칭으로 부르기보다는 선후배 간에 쉽게 형님, 누나, 언니라고 부르듯 서로를 형제자매로 부르는 것이 바람직하다.

한 그룹 안에서 친밀도를 최고로 높이는 데 적합한 숫자는 성인 부부 10-15명이라고 한다. 아이들을 포함할 경우 30여 명이 가장 적합한 소그룹이다.[39] 성도가 30여 명이면 정말 가족적인 분위기가 형성되는 교회를 만들 수 있다. 그러나 교회가 자립에 만족하지 않고 대외적으로 선한 일을 하기 위해서는 조금 더 힘을 모을 필요가 있다.

크리스천 리더십 연구소에 따르면 한국 교회의 80-90%가 성인 교인 수 150명 이하를 소형 교회라 부르는데 그중 대부분이 30-50명 규모의 교회라고 한다. 우리는 이러한 한국 교회의 상황을 부정적으로 보지 않는다. 도시에서는 50명 정도면 충분히 자립이 가능하다. 성도들이 성숙하여 헌신한다면 작게라도 하나님의 일을 할 수 있다.

흔히 하나님의 일은 교회 안에서 하는 일로만 생각한다. 그러나 하나님의 일은 교회 안에서만 할 수 있는 일이 아니다. 그 일은 우리가 그리스도인이라는 이름으로 세상에서 그리스도인답게 살아가는 것이다. 사실 이것이 더 중요하다.

한번은 성 프란시스가 자기 제자들을 데리고 마을로 내려가면서 제자들에게 이렇게 말했다. "오늘은 우리가 저쪽 마을로 가서 복음을 전하도록 하자." 제자들은 오늘 스승님이 어떤 말씀을 하실지 궁금해하면서 마을로 내려갔다. 그런데 이상한 것은 마을로 내려온 프란시스가 그저 입을 꼭 다문 채 그 마을을 도는 것이었다. 별 수 없이 제자들도 묵묵히 프란시스를 따라 계속 돌았다. 마을을 다 돌고 난 후에 프란시스는 그 마을을 떠나 수도원으로 돌아왔다.

수도원에 돌아온 제자들은 의아해하면서 프란시스에게 물어보았다. "선생님! 선생님은 아까 복음을 전하러 마을로 내려가자고 말씀하셨는데 왜 아무런 말씀도 저들에게 하지 않았습니까?" 그러자 프란시스는 제자들에게 다음과 같은 유명한 말을 했다. "우리가 방금 그 마을을 행진하고 있을 때 사람들은 우리 행동을 지켜보고 있었다. 그때 우리의 시선, 우리의 발걸음 하나하나가 한 편의 설교였다는 사실을 그대들은 깨닫지 못했는가?"[40]

이런 차원에서 주님의 일은 교회 규모로 하는 것이 아니라 성도 한 사람 한 사람이 세상 속에서 빛과 소금의 역할을 감당하는 것이라고 할 수 있다.

사람들은 군중 속보다 소그룹에 있고 싶어 한다. 소그룹은 마음을 나눌 수 있는 친밀한 관계를 만드는 데 가장 효과적이다. 현대 교회는 대형화되면서 사람 간의 관계가 소홀해지고 있다. 화려한 예배와 가슴을 울리는 설교는 있지만 사람 간의 만남이나 교제는 없다. 가족 교회의 필요성은 오늘날 큰 교회가 공동체성을 보완하기 위해 활발히 벌이고 있는 소그룹 운동을 통해서도 입증되고 있다.

2012년 초에 미국의 「타임」지는 21세기 미국에서 부상하는 10대 트렌드를 선정하면서 그중 하나로 가정 교회(House Church)를 꼽았다. 2010년 통계에 따르면 6백만에서 1천백만 명이 기성 교회에 다니지 않고 가정 교회에 다니는데, 이는 미국 개신교인의 9%에 해당한다고 한다. 가정 교회는 미국과 캐나다에서 빠르게 확장되고 있는데, 이들 나라에서 기성 교회의 수는 줄어드는 반면 가정 교회는 늘어나는 추세이다.

미국의 경우, 가정 교회는 교회 대신 집에서 모이는데 몇몇 가족들(대략 10-15명)이 돌아가면서 각자의 집으로 초대해 예배를 본다. 평신도인 교인들이 각각 역할을 나누어 예배를 드리고 목회자는 모시지 않는다. 따라서 교회 운영에 필요한 경비가 거의 들지 않고, 모이는 헌금은 교인 간의 교제와 지역 사회의 어려운 이웃들에게 주로 사용된다.

미국에서 가정 교회가 빠르게 늘고 있는 가장 큰 이유는 많은 교인이 기성 교회의 제도와 형식에서 영적인 성장이나 만족감을 느끼지 못하고 있기 때문이라고 한다. 즉 조직 체계가 잘 갖추어진 기성 교회에서 교인들은 수동적이고 형식적으로 주일 예배에 참석하게 되고, 스스로 교회의 부속품 정도로 인식하는 데 머무르는 경우가 많다는 것이다. 반면 가정 교회는 각기 구성원이 모두 적극적으로 예배에 참여하고, 자기 자신의 실제적인 삶과 연결된 말씀을 나누며, 예배 후에 사회적 봉사와 구제에 직접 참여할 수 있어서 구성원들이 큰 만족감을 갖는다고 한다.[41] 이러한 가정 교회가 한국 교회에 어떤 영향을 미칠지는 두고 볼 일이다.

중요한 사실은 외롭고 고독한 존재가 되어 버린 현대인들은 친밀한 교제를 나누고 싶어 한다는 점이다. 그렇다면 친밀함이 최대 장점인 작은 교회는 이 시대에 필요한 조직체인 것이 분명하다. 우리의 과제는 어떻게 작은 교회가 소그룹의 장점을 극대화해서 사람들을 끌어당길 수 있는 매력적인 공동체가 되느냐에 있다.

누가
착하고 충성된
종인가?

직분자에게 요구되는 것은 충성이다. 주님께서는 친히 종들에게 죽도록 충성할 것을 요구하셨다. 그렇다면 충성이란 무엇일까? 마태복음 25장의 달란트 비유는 충성이 무엇인지를 가르쳐 준다. "다섯 달란트 받은 자는 바로 가서 그것으로 장사하여 또 다섯 달란트를 남기고 두 달란트 받은 자도 그같이 하여 또 두 달란트를 남겼으되"(마 25:16-17). 이 말씀을 통해 다섯 달란트, 두 달란트 받은 종이 칭찬받을 수 있었던 두 가지 이유를 알 수 있다.

첫 번째 요인은 "바로 가서"라는 표현에서 찾을 수 있다. 다섯 달란트, 두 달란트 맡은 종이 보여 준 충성은 자신들이 해야 할 일이 무엇인지 알았고, 곧바로 그 일을 했다는 데 있다. 그 결과 그들은 맡은 것을 사용해서 배나 남겼다. 그렇다면 오늘날 목회자들은 속히 무엇을 해야 할까?

그것은 바로 설교를 준비하는 일이다. 목회자들은 설교 사역이 가장 중요하다는 사실에 동의한다. 하지만 현실을 보면 정반대의 결론을 내리게 된다. 사실 설교의 중요성을 진지하게 생각하지 않는 목회자가 너무 많다.[42] 주일이 지나고 곧바로 설교 준비를 시작하면 일주일 내내 내용을 다듬을 수 있고 설교하는 데 아쉬움이 없는데 왜 그렇게 하지 못하는 것일까? 인정하기 싫겠지만 그것은 열정 부족과 게으름 때문이다.

  작은 교회는 여러 모로 부족해서 특별히 할 수 있는 사역이 없을 수 있다. 하지만 이것저것 할 수 없어도 가장 중요한 일이 주어져 있다. 그것은 바로 교회의 주된 존재 목적인 예배를 드리는 일이다. 교회가 작아서 다른 일을 하지 못한다 해도 예배를 드릴 수 있다면 그 교회는 존재 의미가 있다. 그렇다면 예배에서 목회자가 해야 할 가장 중요한 한 가지는 무엇일까? 그것은 설교이다. 목회자에게 설교만큼 중요한 일은 없다.

  마르틴 루터는 말씀 사역이 교회의 첫 번째 표징이라고 했다. 그는 다음과 같이 말씀 사역의 중요성을 강조했다.

  하나님의 말씀이 전파되고, 믿어지고, 고백되고, 실천되는 곳이면 어느 곳이나 거룩한 기독교인이 존재한다고 믿어도 좋다… 다른 표징 없이 단지 이 한 가지 표징만으로도 거룩한 기독교인이 존재한다는 사실이 입증될 수 있다. 왜냐하면 하나님의 말씀은 그분의 백성 없이는 존재할 수 없으며, 하나님의 백성은 그분의 말씀이 없으면 존재할 수 없기 때문이다.[43]

설교자는 약하고, 천하고, 깨지기 쉽고, 쉽게 버릴 수 있는 질그릇과 같은 존재이다. 그렇다고 해서 복음이 연약해지는 것은 아니다. 복음은 설교자에게서 비롯된 것이 아니기 때문이다. 능력은 하나님께 있다. 우리는 자격이 없는 종이지만 하나님은 우리에게 복음의 보화를 맡기셨다. 이 얼마나 놀라운 특권인가? 그렇다면 우리는 최선을 다해 좋은 설교를 해야 한다. 그렇다면 어떤 것이 좋은 설교일까? 뚜르대학교 교수이며 감리교 목사인 토마스 오덴(Thomas C. Oden)은 『목회신학』에서 좋은 설교를 이렇게 말한다.

> 좋은 설교는 들어보면 알 수 있다. 좋은 설교는 우리의 심중에 와닿는다. 이는 의미심장하고 기묘한 상태의 의사전달로, 때로는 야훼의 초월성이 구체적으로 우리 가운데 임재했음을 느끼게 해 준다. 좋은 설교는 용기와 위로, 솔직과 연민, 강함과 연약함이 마치 최고의 요리사가 섞어서 맛을 내는 배합과도 같이 혼합되어 있다. 대부분 예배 참석자들은 그러한 설교를 들었을 때 그들이 좀처럼 가질 수 없는 아름다운 시간을 보냈다는 사실을 알게 된다. 이러한 설교는 특별한 사건이다. 이는 흙으로 빚은 질그릇에 담긴 하나의 보화이다.[44]

Y 목사와 가까이 지내는 L 목사는 부득이한 경우를 제외하고는 토요일에는 외출하지 않는다. 아침부터 하루 종일 주일 설교 말씀을 묵상한다. 어떤 때는 설교 준비에 몰두하여 식사를 거르기까지 한다. 하지만 그의 설교는 언제나 교인들에게 만족을 주었다. 교인들은 주일마다 최선을 다해 좋은 설교를 하시는 목사님을 존경했고, 자신들의 교회가 비록 작을지라도 자부심을 갖게 되었다.

그렇게 한 해가 지나가고 마지막 주일 예배가 끝나자 여선교회 회장이 성도들에게 "한 해 동안 우리에게 귀한 말씀을 전해 주신 목사님께 다 같이 박수를 칩시다."라고 제안했고, 교인들은 뜨거운 박수로 감사를 표현했다. L 목사에게 이런 일은 처음이었다고 한다. 설교에 최선을 다한 결과였다.

설교는 개척 교회 목회자들이 그 무엇보다도 열심히 해야 할 일이다. 설교하는 일을 제쳐두고 다른 일에 바쁜 목회자는 우선순위를 다시 점검해 보아야 한다. 설교하는 것을 힘들어하면 안 된다. 군대 가는 아들에게 아버지들이 흔히 하는 말이 있다. "피할 수 없으면 즐겨라." 목회자들이 피할 수 없는 것이 바로 설교다. 아무리 기분 나쁜 일이 있어도, 화가 나는 일이 있어도, 설교 직전에 부부 싸움을 해서 다 그만두고 싶다고 해도 피할 수 없는 것이 설교다. 목회자는 은퇴할 때까지 설교해야 한다. 그렇다면 설교에 끌려다닐 것이 아니라 적극적으로 즐겨야 하지 않을까?

두 번째 요인은 "장사하여"라는 표현에서 찾을 수 있다. 다섯 달란트, 두 달란트 받은 종이 곧바로 나가서 한 일이 장사였다. 여기서 두 종의 충성심을 볼 수 있다. 장사를 해서 망할 수도 있었지만 두 종은 두려움을 이겨 내고 충성을 다해 배나 남겼다.

사람들은 두려움에서 자유롭지 못하다. 두려움은 인간의 보편적인 감정이다. 우리는 두려움 때문에 꿈을 잃어버리고, 인간다움을 놓치고 산다. 두려움은 우리의 잠재 능력을 제한하고 축소해서 꿈꾸는 일을 시도하지 못하게 할 뿐 아니라 시도하면서도 최선을 다하지 못하게 만든다.

영화 "명량"을 보면 두려움의 결과가 어떠한지를 잘알 수 있다. 1597년 임진왜란 6년, 왜군의 배 330척이 통영 앞바다에 있었다. 더욱이 해적이라고 불릴 정도로 잔혹하고 뛰어난 지략을 지닌 용병 구루지마까지 오고 있었다. 그렇다면 이들을 맞서야 하는 조선의 상황은 어떠했을까? 이순신 장군은 누명을 쓰고 파면을 당했다가 삼도수군통제사로 복직했다. 하지만 몸이 성하지 않아 전투에 나설 수 없었다. 남아 있는 배도 고작 12척에 불과했다. 병사들은 전의를 상실한 채 두려움에 떨고 있었다. 이순신 휘하의 장수들은 겁에 질려 전쟁을 회피하고자 하는 논의만을 계속했다. 두려움이 극에 달하자 이순신 장군을 암살하려는 자들이 생겼다. 또한 전쟁을 피하려고 거북선까지 불태워 버렸다. 이런 기가 막힐 일이 어디 있는가? 죽음에 대한 두려움이 정상적인 사고를 하지 못하게 하고 판단을 흐리게 했다. 죽음에 대한 두려움은 이처럼 무섭다. 영화 속

이순신 장군의 고민은 '어떻게 하면 두려움을 용기로 바꿀 수 있을까?'였다. 이순신 장군은 군사들에게 "죽고자 하면 반드시 살 것이요, 살고자 하면 반드시 죽을 것이다."라고 말하며, 죽기를 각오하고 왜선 330척과 맞서 싸웠다. 이순신 장군이 솔선수범의 리더십을 발휘하자 휘하 장수들과 군사들은 비로소 두려움을 이겨 내고 명량대첩의 역사를 만들어 냈다.

우리에게는 어떤 두려움이 있을까? 우리는 완벽하지 못한 것을 두려워한다. 생소한 것을 두려워한다. 실패하는 것을 두려워한다. 비판과 조롱받는 것을 두려워한다. 잊히는 것을 두려워한다. 우리는 헤아릴 수 없을 정도로 많은 두려움을 느끼며 산다.

두려움 중에 가장 큰 두려움은 죽음에 대한 두려움이다. 그러나 우리는 죽음의 문제를 해결받았다. 우리는 죽어도 다시 산다. 그렇기 때문에 우리는 죽기를 각오할 수 있고, 두려움에서 자유로울 수 있다. 두려움을 용기로 바꿀 수 있다면 우리 인생은 크게 달라질 수 있고, 우리의 목회도 크게 바뀔 수 있다.

다섯 달란트, 두 달란트를 맡긴 종들의 보고를 받은 주인은 그들의 수고에 대해 "네가 적은 일에 충성하였으매 내가 많은 것을 네게 맡기리니 네 주인의 즐거움에 참여할지어다."(마 25:21)라고 했다. 다섯 달란트 받은 종이나 두 달란트 받은 종이나 칭찬의 내용은 같았다. 이는 우리 기준으로 볼 때 쉽게 이해되지 않는 부분이다.

우리가 볼 때, 다섯 달란트로 일한 사람은 두 달란트로 일한 사람보다 많은 일에 충성된 사람이었다. 그러나 주인이 볼 때는 다섯 달 란트나 두 달란트나 모두 "적은 일"이었다. 많으나 적으나 하나님 이 주신 것이지 내 것이 아니다. 일을 잘해도 하나님의 은혜로 잘한 것이다. 결국 모든 것이 하나님의 은혜이다. 그러므로 자랑할 것이 없다. 하나님은 크고 작음을 보시는 것이 아니라 우리가 충성한 것 만 보신다. 이는 대형 교회를 맡아서 목회하든 작은 교회를 맡아서 목회하든 충성만 하면 똑같이 하나님께 인정받을 수 있다는 것이 다. 교회 규모가 얼마나 크고 작으냐가 중요한 것이 아니라 맡은 일 에 최선을 다할 때 하나님께서 기뻐하신다는 사실을 우리는 기억해 야 한다.

명량 해전을 앞두고 있을 때 선조 임금은 해군력이 너무 약하니 육군에 합류하라고 지시하지만 이순신 장군은 "신에게는 아직 12 척의 배가 있습니다."라는 유명한 말을 남겼다. 12척으로 330척 을 상대하는 일은 말이 안 된다. 너무나 무모해 보였지만 이순신 장 군은 울돌목의 지형과 주변 환경 그리고 심리전을 바탕으로 전쟁 을 승리로 이끌었다. 사람들은 "신에게는 아직 12척의 배가 있습니 다."라는 말로 많은 패러디를 만들어 냈다. 우리도 패러디를 하나 만들었다. "종에게는 아직 12명의 성도가 남아 있습니다." 아무리 힘들어도 절대로 포기해서는 안 된다. 끝까지 충성해야 한다.

한경직 목사님은 『사도 바울에게 배운다』라는 책에서 충성하는 자인지 아닌지를 알아보는 시금석에는 세 가지가 있다고 말한다.

그 내용을 요약하면 다음과 같다.

첫째는 양(量)에 대한 시금석이다. 바울은 작은 일에도 충성을 다하려고 애를 썼다. 로마서 16장을 읽어 보면 한 사람 한 사람에게 감사의 뜻을 표시한 글귀들로 나열되어 있다. 바울은 자신에게 베풀어 준 작은 친절이라도 잊지 아니하고 감사를 표현할 줄 알던 그리스도의 일꾼이었다.

둘째는 시간에 대한 시금석이다. 바울을 도와주던 청년 교역자 몇 사람이 있었다. 디모데, 누가, 실라, 디도, 데마 등이다. 그런데 데마는 끝까지 충성하지 못했다(딤후 4:10). 그러면 바울은 어떠했을까? 바울은 떠나는 날까지 충성했다(딤후 4:6-8).

셋째는 환경에 대한 시금석이다. 참 충성은 어려운 때나 위기의 때에 분명히 나타난다. 이것은 여름에 모든 나무가 푸르지만 겨울에 송죽의 푸른 정기가 나타나는 것과 비슷하다. 바울은 어떤 환경에서도 변함없이 충성했다(고후 6:3-10).[45]

작은 교회 목회자들은 자칫하면 양에 대한 시금석에서 탈락하기 쉽다. 교회가 작고, 성도 수가 적다고 한 달란트를 받은 종처럼 일하지 않고 달란트를 묻어 두는 우를 범할 수 있다. 교인 수가 적다고 대충 목회하면 안 된다. 하나님은 작은 일이라도 충성하는 자를 기뻐하신다. 누가 착하고 충성된 종인가? 성도 수에 상관없이 한 사람을 위해서라도 최선을 다해 설교를 준비하고, 자신에게 주어진 일이 작을지라도 주께 하듯 최선을 다하는 목회자가 착하고 충성된 종이다.

작은 교회의 경우 교인이 20-30명에 불과할 수 있다. 그러나 우리가 최선을 다해 한 설교가 교인들에게 꿈과 희망을 주고, 또 그 메시지가 인터넷이나 SNS을 통해 퍼져 나간다면 그리고 언젠가 책으로 출간된다면 설교를 듣는 사람은 수천, 수만 명이 될 수 있다. 우리가 이런 기대를 해도 되는 것이 하나님은 항상 작고 부족한 것으로 크게 사용하시고 작품을 만드시기 때문이다.

CHAPTER 2

일어나라
함께 가자

작은 교회
목회자의
탈진

교회 성장 세미나를 가 보면 강사들은 큰 교회가 백화점이라면 작은 교회는 전문점이 되어야 한다고 가르친다. 이론적으로는 수긍이 되지만 한 명도 소홀히 할 수 없는 개척 현장에서는 그렇게 하기가 쉽지 않다. 교인 중 한 사람이 일이 있어서 주일 예배에 참석할 수 없다면 그를 위해 오전 7시 예배를 만들어야 하고, 성도가 "다른 교회에서는 이런 것을 하는데 왜 우리는 하지 않느냐?"라고 하면 어쩔 수 없이 따라해야 하는 것이 개척 교회의 현실이다. 그러다 보니 개척 교회 목회자는 교인도 몇 명 되지 않으면서 정신없이 바쁘다. 주일 낮 예배, 저녁 예배, 수요 예배, 금요 심야 예배, 새벽 기도회를 위한 설교 준비와 성경공부, 전도, 심방, 교회 관리 등 산적한 업무로 일주일 내내 시간에 쫓기며 산다. 그런데 개신교 교인들은 다른 무엇보다 좋은 설교를 들을 때 만족해한다. 목회자에 대한 만족도를 조사했는데 교인들 중 88.3%가 설교가 좋을 때 교회에 만족한다고 대답했다. 설교가 좋지 못하면 교인들은 목회자와 교회에 실망하게 된다.

큰 교회 목회자는 한 주에 설교 두 편만 준비하면 되지만 모든 예배를 혼자서 인도하는 작은 교회 목회자는 매 주마다 열 편 이상의 설교를 준비해야 한다. 이렇다 보니 자연스럽게 설교의 수준이 뒤떨어질 수밖에 없다. 더구나 몇 명 안 되는 사람들에게 하다 보니 의욕도 없어지고 열정도 사라진다. 설교가 부족하면 교인들의 만족도는 떨어지고, 작은 교회 교인들은 늘 같은 사람들과 예배드리게 되니 분위기는 침체되어 결국에는 목회자에 대한 불만으로 연결된다. 이런 악순환이 계속되면 개척 교회 목회자는 점점 더 무력감과 열등감을 느끼고 의욕이 상실되어 비전을 잃고 모든 것을 포기하고 싶은 상태에 이르게 된다. 이것이 바로 탈진이다.

"탈진"(脫盡, burnout)은 과로에서 오는 스트레스와 달리 자신감과 희망을 상실하는 현상이다. 목회자의 탈진이 얼마나 위험한 것인지는 엘리야를 통해 확인할 수 있다. "여호와여 넉넉하오니 지금 내 생명을 거두시옵소서 나는 내 조상들보다 낫지 못하니이다 하고"(왕상 19:4). 엘리야는 사는 것이 죽는 것보다 더 괴로웠다. 정신적이고 영적인 피곤함이 그를 지배했다. 로뎀 나무 아래에 앉아 죽기를 구하는 이 장면은 너무나 처절해 보인다.

개척 교회는 큰 교회를 따라하면 안 된다. 개척 교회에서 모임을 많이 하는 것은 목회자의 발목을 잡는 자충수이다. 혼자서 감당할 수 없을 정도의 모임을 만들면 목회자는 얼마 안 되어 탈진해 버린다. 일정 기간은 예배의 수를 단순하게 하고, 개인적으로 기도하고 말씀을 준비하며 전도하는 일에 주력해야 한다.

한국의 목회자들은 새벽 기도를 가야 하기 때문에 충분한 수면을 취하지 못한다. 수면 부족은 자연히 피로를 누적시키고 효과적인 활동을 어렵게 만들며 만성피로를 가져온다. 게다가 새벽 기도는 홀로 하기가 일쑤여서 아침마다 절망감에 빠지게 된다. 이것이 개척 교회 목사를 더욱 피곤하게 만드는 요소이다. 목회자는 슈퍼맨이 아니다. 충분히 쉬고 필요한 시간만큼 잠을 자야 한다.

탈진을 경험했던 큰 교회 출신의 어느 목사는 개척 교회인데도 큰 교회에서 하던 목회 패턴을 그대로 적용했다. 주일 낮 예배를 2부로 했고, 필요할 경우에는 한시적으로 3부 예배까지 드렸다. 전에 있던 교회에서 하던 대로 365일 새벽 기도회와 겟세마네 기도회까지 운영했다. 그러다 보니 어느 때는 겟세마네 동산에 있던 세 제자들과 같이 되어 버렸다. 육신의 연약함을 이기지 못하고 강단 아래 꿇어 앉아 기도하다가 잠이 들기도 했다. 그토록 전력투구하면서 헌신하고 노력했는데 아무런 결과도 없고 최소한의 기대도 이루어지지 않자 그는 로뎀나무 아래에서 "내 생명을 거두어 달라."는 엘리야의 기도를 하게 되었다. 탈진은 살 의욕까지 잃어버리게 한다.

이런 일은 개척 교회를 제대로 이해하지 못한 데서 시작된다. 자신의 목회 능력을 알고 그에 따라 선택과 집중을 해야 한다. 선택과 집중은 예수님의 목회 방법이었다. 예수님은 열두 제자를 선택하셨고 공생애의 대부분을 열두 제자에게 투자하셨다. 그리고 열두 제자 중에서도 베드로, 야고보, 요한 세 제자에게 집중하셨다. 개척교회 목회자는 모든 것을 다 하려고 하면 안 된다. 자신이 잘할 수 있고 열매가 나타나는 것에 집중해야 한다. 한 번에 너무 많은 사람을 훈련하려고 하면 효과적인 양육이 이루어질 수 없다. 제자는 결코 대량으로 키워지지 않는다.

목회를 장기간 하기 위해서는 엘리야를 교훈 삼아 자기 관리를 철저히 해야 한다. 혼자의 몸으로 바알과 아세라 선지자 850명을 상대하여 승리했던 그 엘리야가 왜 로뎀나무 아래에 앉아서 하나님께 죽기를 구했을까? 이세벨의 협박 때문이었을까? 직접적으로는 그렇다. 그러나 그 근본 원인은 탈진에 있었다. 엘리야의 탈진은 지나친 에너지 소모에서 비롯되었다고 볼 수 있다. 하나님의 사람 엘리야도 우리와 같은 성정을 가진 사람이었다(약 5:17). 우리는 인간의 연약함과 한계를 알아야 한다.

작은 교회, 특히 미자립 개척 교회 목회자들은 열등 의식, 핍절 의식, 패배 의식 그리고 마음의 상처와 분노 등으로 영적 침체에 빠질 위험이 다분하다. 혼자서 외롭게 자신과 싸워 가며 모든 일을 해야 하는 작은 교회 목회자들은 자신이 자칫하면 탈진할 수 있는 있다는 사실을 간과하지 말아야 한다.

목회자들에게는 내면세계의 관리, 즉 마음 관리가 무엇보다도 중요하다. 영적 침체와 탈진은 마음을 잘 관리하지 못한 데서 온다. 오스왈드 샌더스(Oswald Sanders)는 "세상을 정복한 사람들은 세상을 정복하기 전에 먼저 자신을 정복했다."라고 말한다. 목회자는 자신을 정복하고 자신을 다스릴 줄 알아야 한다. 절망하는 나, 포기하고 싶어 하는 나, 도피하고 싶어 하는 나를 정복할 수 있어야 한다.[46]

하나님은 엘리야가 탈진하여 쓰러졌을 때 천사를 보내어 그를 어루만지시고 먹이시며 쉬게 하셨다. 탈진했을 때는 무엇보다도 충분히 휴식을 취하고 에너지를 잘 공급해 주어야 한다. 예수님도 휴식을 중요하게 생각하셨다. 예수님의 제자들이 사역한 후 그들은 예수님 앞에 모여 자기들이 행한 것과 가르친 것을 낱낱이 보고했다. 그러자 예수님은 "너희는 따로 한적한 곳에 가서 잠깐 쉬어라."고 말씀하셨다. 성경은 그 이유에 대해 "이는 오고 가는 사람이 많아 음식 먹을 겨를도 없음이라."고 했다(막 6:31). 일과 휴식은 적절히 조화되어야 한다.

바울은 열정적으로 전도하다 보니 거의 쉬지 못했다. 바울도 탈진할 때가 있었다. 바울은 고린도 교인들에게 편지하면서 그때의 상태를 이렇게 말했다. "내가 너희 가운데 거할 때에 약하고 두려워하고 심히 떨었노라."(고전 2:3) 그래서 하나님은 바울을 감옥에 자주 넣어 쉬게 하셨다. 바울은 감옥에서 쉼으로써 새 힘을 얻고 편지를 썼는데 이것이 바울서신이다.

개척 교회 목회자는 최대한 자유를 누려야 한다. 예수님은 곧 자유를 의미하기 때문이다. 현재의 어려운 상황에서 자유할 수 있는 방법을 나름대로 찾아야 한다. 목회자는 은혜를 선포하는 자이다. 그런데 왜 자신은 무언가에 얽매여 헤어 나오지 못할까? 우리는 예수님의 자유를 배워야 한다.

스펄전(Charles Haddon Spurgeon)은 "휴식 시간은 시간 낭비가 아니다… 방앗간의 개울물은 그칠 줄 모르고 줄곧 흐르지만 우리는 가끔씩 멈춰 서기도 하고 휴식 시간도 가져야 한다."라고 했다. 미국의 영성 신학자인 노만 샤우척(Norman Schawchuck)은 "수양회 시간표를 너무 빡빡하게 짜지 말아야 한다. 긴장을 풀 수 있고, 오락을 즐길 수 있는 여유를 남겨 놓아야 한다."[47]라고 말한다. 그는 이에 대해 이의가 있는 사람들에게 이렇게 말한다.

> 광야 교부들은 수양회(골방 훈련) 시간을 "하나님과 함께 시간을 낭비한다."라고 말했다. 일하는 것만 중시하는 사람들에게 특별한 프로그램이 주어지지 않는 시간은 시간을 낭비하는 것이라고 느낄 것이다. 그러나 여유 시간은 아주 선한 목적으로 사용될 것이며, 하나님은 그 시간을 참가자의 영적 성장의 시간으로 사용하실 것이다.[48]

자신의 자리에서 벗어나고 싶다면 그것은 바로 쉼이 필요하다는 신호이다. 이때는 충분히 수면을 취하고, 운동, 여행, 음악 감상, 목욕, 쇼핑 등의 취미 생활을 하면서 여가 시간을 보내는 것이 좋다. 그러나 상당수의 보수적인 목회자들은 취미 생활에 죄책감을 느끼고 휴식을 나태나 불충(不忠)으로 생각하여 거부한다. 하지만 이것은 인간의 제한성을 거부하는 잘못이다.

에롤 헐스(Erroll Hulse)는 『청교도들은 누구인가?』라는 책에서 많은 사람들이 검은 옷을 입고 즐겁게 사는 것을 혐오하여 그들을 편협한 무리로 생각했던 청교도들도 사냥, 낚시, 축구, 볼링, 독서, 음악, 수영, 스케이팅, 활쏘기 등과 같은 다양한 취미 생활을 했다고 밝힌다.[49] 이러한 사실을 기억한다면 조금은 마음이 편안해질 것이다. 청교도의 깊은 영성을 이어받은 복음주의 신학자 제임스 패커(J. I. Packer)는 "모든 여가는 하나님이 주신 선물로서 지혜롭게 사용하면 휴식, 기쁨, 건강을 제공한다. 그래서 여가는 귀중히 여기고 멸시하지 말아야 한다."라고 말한다.[50]

휴식은 의무이다. 우리가 정립해야 할 기독교적 휴식 개념은 나를 위한 휴식이 아니라 하나님을 위한 휴식이다. 하나님의 시간 운영 계획을 보면 일주일 중 여섯 날은 하나님을 위해 사람에게 주셨고, 일곱째 날 하루는 온전히 하나님을 위해 남겨 두셨다. 따라서 우리가 쉰다는 것은 나에게 초점을 맞추는 것이 아니라 하나님께 초점을 맞추는 것이어야 한다.

현실적으로 작은 교회 목회자는 쉬고 싶어도 쉴 수가 없다. 그 이유는 교회를 비워 둘 수 없기 때문이다. 따라서 작은 교회 목회자는 자기 나름대로 휴식을 취하고 스트레스를 풀 수 있는 방법을 터득해야 한다. 스트레스 없는 삶의 모델은 예수님이다. 예수님은 쉴 새 없이 바쁘고 스트레스를 받을 수밖에 없는 상황에 있었지만 마음은 언제나 평온하셨다. 그래서 커다란 폭풍우가 엄습했을 때에도 배 뒤쪽에서 주무실 수 있었다. 예수님의 삶에는 우선순위가 분명했다. 예수님은 손님 접대에 정신에 없던 마르다보다 만사 제쳐놓고 예수님의 말씀을 듣는 일에 몰두했던 마리아를 칭찬하셨다.[51]

　탈진은 너무 높이 오르려고 할 때, 은사를 받지 못한 분야에서 지나치게 애를 쓸 때 오는 현상이다. 자신에게 지나친 기대를 하지 말고, 자신의 한계를 인정하며, 무한경쟁에 자신을 투기(投機)하지 말아야 한다. 또한 자기를 절제하고, 자족하는 마음을 가지며, 마음에 평화와 감사가 있어야 한다. 일의 우선순위를 올바로 정하고 자신에게 주어진 시간과 체력과 능력의 범위 안에서 충성할 수 있어야 한다.

　네팔의 히말라야 고지에서 가장 뛰어난 멘토는 셰르파(Sherpa)이다. 이들은 등반가의 길을 안내하고 그들의 짐을 들어 주며, 여러 문제가 발생했을 때 등반가가 현명하게 처신하도록 도와준다. 셰르파가 등반가에게 강조하는 말이 있다. "자신만의 걷는 속도를 유지하라. 중요한 것은 여정 자체이다. 얼마나 높이 얼마나 멀리 가는지는 중요하지 않다."[52] 이는 등반에 국한된 말이 아니다. 목회는 평생토록 하는 것이다. 서둘지 말고, 비교하지 말며, 자신에게 편안한 속도로 걸어가야 한다.

언제까지
주저앉아
있을 것인가?

낙심은 보편적인 현상이다. 누구나 낙심한다. 목회자도 감정을 지닌 사람이기 때문에 낙심할 때가 있다. 낙심하지 않는다면 거짓 말이고, 거짓말하지 않는 것이라면 자신을 속이고 있는 것이다. 우리는 낙심을 대수롭지 않게 생각할 수 있다. 그러나 낙심의 정체를 알면 정신이 번쩍 날 것이다. 중국에서 15년 동안 선교사로 사역했고 강단에서 선교학을 가르쳐 온 허버트 케인(J. Herbert Kane)은 사역자들에게 낙심이 얼마나 위험한 것인지 이렇게 말한다.

정신적인 의기소침 또한 사탄이 애호하는 공격 방법이다. 마귀의 명기 창고에서 가장 치명적인 무기를 고른다면 그것은 바로 낙심이다. 사실 마귀들의 그 어떤 공격에도 끄떡하지 않았던 영적 거인들도 실망에는 굴복해 왔던 것이다.[53]

우리도 종종 낙심할 때가 있다. 그때가 언제인지를 생각해 보면 많은 경우 주변의 큰 교회와 비교할 때이다. 나보다 별로 나을 것도 없어 보이는데 큰 교회에서 목회하고 있는 목회자와 비교하면 여지 없이 낙심하게 된다. 우리는 정신을 건강하게 하고 마귀에게 당하지 않기 위해 낙심의 문제를 확실하게 정리할 필요가 있다. 낙심은 영적 침체로 이어지고 모든 것을 포기하게 만들기 때문이다.

미국에서 목회하고 있는 강준민 목사는 교회를 개척한 지 얼마 안 되어 극심한 영적 침체를 겪었다. 그는 자신의 경험을 다음과 같이 고백한다.

> 개척한 지 1-2년 동안은 조금 부족해도 개척 교회라는 이름 때문에 별로 비난받지 않았지만 3년이 지나면서는 교회가 생각보다 성장하지 않자 실력에 대한 평가를 받는 것을 느꼈다. 또한 새롭게 급성장하는 교회 목회자들과 나를 비교하며 별 생각 없이 이야기하는 교인들의 말을 듣고 있으면 심한 열등 의식으로 고통스러웠다.[54]

강준민 목사가 개척 교회 목회자로서 영적 침체와 함께 치른 또 하나의 대가는 열등의식이었다. 하지만 그는 그 고통을 이겨 내고 영적 침체를 극복하는 방법을 터득했다. 그리고 『뿌리 깊은 영성』이라는 책을 저술하고 강의함으로써 지쳐 있는 한국 교회 목회자들

에게 위로와 감동과 도전을 주었다.[55]

　우리 사회에 만연해 있는 '큰 그릇 신드롬'은 목회자를 힘들게 한다. 이것은 무조건 큰 것이 좋고, 커야 성공이고, 큰 것이 위대하다는 생각이다. 우리의 일상 언어에서 대(大)자 사용이 보편화되어 있는 것만 봐도 사람들이 얼마나 큰 것을 추구하는지 알 수 있다. 사람들은 "가장 크다."라고 하면 열광한다. 그러다 보니 여기저기서 큰 자리를 차지하기 위해 경쟁이 벌어진다. 하나님이 보시기에 크기(size)는 중요하지 않다. 그러나 사람들은 크기에 매혹된다. 크기로 거의 모든 것을 정당화할 수 있다. 크면 잘못해도 용납이 된다.[56]

　이런 풍조는 이 세상에만 있는 것이 아니라 교회 안에도 있다. 큰 교회만을 지향하는 성장주의 일변도의 목회관, 교회 성장으로만 목회자의 자질과 능력을 평가하려는 경향, 큰 교회만이 교회를 대표하는 것처럼 인식되는 풍조들…. 이 모든 것이 '큰 교회 콤플렉스'에서 나온 증상이다. 이는 문제점을 지적하는 것이지 큰 교회 자체가 나쁘다는 말은 아니다. 하나님께서 일을 맡기실 때 어떤 사람에게는 아주 큰일을 맡기시고, 또 어떤 사람에게는 그보다 작은 일을 맡기신다(마 25:15). 하나님께 큰 능력을 받아 큰 교회를 이루었다면 이는 하나님의 특별한 은혜요, 영광이요, 감사해야 할 일이다.

　모든 교회가 큰 교회를 꿈꾸는 것은 하나님이 기뻐하실 일도 아니며, 현실적으로도 불가능하다. 하지만 여전히 많은 목회자가 큰 교회를 추구한다. 큰 교회에만 목회의 가치를 둔다면 어떤 일이 일어날까? 큰 교회 목회자는 우월감에 사로잡혀 교만해질 수 있다. 작은 교회 목회자는 낙심과 좌절, 열등감과 패배의식에 사로잡히고 심한 스트레스에 시달리며 비현실적인 죄의식과 자기 연민에 빠질 가능성이 있다. 이럴 경우 필연적으로 영적 침체가 다가온다.

다시 엘리야를 생각해 보자. 어느 정도 침체에서 회복된 엘리야는 호렙산에 가서 하나님을 만난다. 그때 그는 하나님이 너무 오랫동안 바알 종교를 방관해서 이스라엘의 신앙이 침체됐다고 원망했다. 또한 이스라엘의 선지자는 자기만 남았다고 하나님을 향해 피맺힌 호소를 했다. 엘리야는 자기 외에는 전부 바알에게 무릎을 꿇은 줄로 착각했다.[57] 엘리야는 자기 혼자만 남았다는 생각이 들자 자기연민의 감정을 드러냈다. "오직 나만 남았거늘." 그는 자신만이 홀로 하나님을 섬기고 있다고 생각했던 것이다.

그러자 하나님은 바알에게 절하지 아니한 7천 명이 남아 있다고 말씀하셨다. 이 '남은 자' 사상을 통해 하나님은 자기 외에는 하나님께 충성된 자가 없다고 생각하여 자기연민에 빠진 엘리야의 좁은 안목을 깨우쳐 주셨다. 하나님께 이스라엘을 개혁하겠다는 보장을 받고 그가 다시 하나님께 소망을 둠으로써 그는 영적 침체에서 완전히 벗어날 수 있었다.

많은 개척 교회 목회자가 엘리야와 같이 '나만' 힘들게 목회하고 있다고 생각하며 낙심과 절망, 자기 연민에 빠져 있다. 목회자는 낙심될 때 자신을 일으켜 세울 수 있는 영성을 갖추어야 한다. 성숙한 영성의 소유자는 영적 침체가 다가올 때 자기 스스로를 위로하고, 우울할 때 자기 자신에게 소망을 줄 수 있는 사람이다. 다윗은 고난을 당하면서 낙심되고 우울할 때가 많았지만, 그는 자신을 스스로 일으켜 세울 수 있는 성숙한 사람이었다. 그는 낙심될 때 "내 영혼아 네가 어찌하여 낙심하며 어찌하여 내 속에서 불안해 하는가 너는 하나님께 소망을 두라 그가 나타나 도우심으로 말미암아 내가 여전히 찬송하리로다."(시 42:5)라고 스스로를 격려하며 일으켜 세웠다.

목회자는 영성 관리를 위해 보고 듣는 것을 주의해야 한다. 어렵고 힘든 환경만 바라보고, 세상의 부정적인 말에 귀를 기울이지 말아야 한다. 오직 하나님께만 소망을 두어야 한다. 환경을 초월하는 하나님의 말씀은 할 수 있다는 긍정적인 믿음을 낳고, 인간의 부정적인 말은 부정적인 태도를 갖게 한다. 우리는 누구의 말을 들을 것인지 올바르게 선택해야 한다.

길가에 살면서 핫도그를 파는 사람이 있었다. 그 사람은 귀가 잘 들리지 않아서 그 가게에는 라디오가 없었다. 그는 눈도 좋지 않아서 신문도 읽지 못했다. 그러나 그는 핫도그를 맛있게 만들어 팔았다. 그는 고속도로변에 광고판도 세웠다. 그는 더 큰 가게를 사서 사업을 키워 나갔다.

어느 날 대학생인 아들이 집에 와서 아버지의 일을 돕게 되었다.

그런데 그때 아들은 아버지에게 "아버지, 라디오를 듣지 못하셨어요? 신문도 읽지 못하셨어요?"라고 물었다. "경기가 곤두박질하고 있어요. 지금 상황이 무척 어려워요." 아들은 아버지에게 어려운 미국 경제 상황을 설명해 주었다.

아들이 해 준 이야기를 들은 아버지는 이렇게 생각했다. "그래, 우리 아들은 대학생이고 신문도 읽고 라디오도 들으니까 당연히 아는 게 많겠지." 그래서 아버지는 햄버거에 넣는 고기의 양을 줄이고 핫도그의 크기도 줄였다. 그리고 고속도로변에 있던 광고판도 내렸다. 그러자 그의 사업은 얼마 되지 않아 기울고 말았다. 그는 아들에게 "아들아, 네 말이 맞다. 경기가 곤두박질하고 있는 것이 분명하구나!"라고 말했다고 한다.

이 이야기는 점점 어려워지는 미자립 교회의 모습을 연상시킨다. 우리는 그동안 전도가 안 된다는 말을 수없이 들었다. 그런 부정적인 말에 귀를 기울이다 보면 모든 것을 포기하게 된다. 그러나 어려운 상황 가운데서도 복음을 전하라는 하나님의 명령에 순종하여 전도하는 교회는 여전히 열매를 거두고 있다.

전도는 기본적으로 사람들을 만나는 가운데 성령의 역사를 통해 이루어진다. 현재는 전도가 어려운 상황인 것은 틀림없다. 하지만 사람들을 만나다 보면 언제든지 열매가 생길 수 있다. 이런 점에서 전도는 필요하다. 우리가 세상 속에서 끊임없이 사람을 만나는 한 전도는 계속 돼야 한다. 절대로 포기해서는 안 된다.

작은 교회는 물적으로, 인적으로, 환경적으로 어려운 상황에 있다. 그럴지라도 그것을 주저앉아 있는 핑곗거리로 삼아서는 안 된다. 일꾼이 없으면 나부터라도 할 수 있는 일을 찾아야 한다. 오병이어를 받아들고 감사하셨던 예수님처럼 우리에게 주어진 일이 작을지라도 감사해야 한다. 안산의 K 목사는 "나는 목회를 취미라는 생각으로 살아왔다. 취미처럼 생각하면 개척도 행복과 기쁨이다."라고 했다.[58] 우리도 그의 말대로 생각을 바꿀 필요가 있다. 또한 그는 "재정을 염려하기 전에 '나는 한 영혼에 대한 구령의 열정이 있는가?'를 먼저 물어봐야 한다."라고 했다.[59]

그렇다. 하나님은 한 영혼을 천하보다 귀하게 여기시므로 영혼 구원에 불타는 자를 가만히 보고만 계시지는 않을 것이다.

요한복음 4장을 보면 한 영혼을 구원하고자 하시는 예수님의 열정을 볼 수 있다. "유대를 떠나사 다시 갈릴리로 가실새 사마리아를 통과하여야 하겠는지라"(요 4:3-4). 여기서 "하겠는지라."는 말은 어떤 일이 있어도 반드시 통과하겠다는 강한 의지를 담고 있다. 예수님은 왜 이렇게 하셨을까? 사마리아 여인을 만나기 위해서였다. 예수님이 사마리아 여인과 만난 것은 우연히 이루어진 일이 아니었다. 예수님은 갈릴리로 가시다가 일부러 길을 바꾸어 사마리아로 들어오셨던 것이다.

"예수께서 길 가시다가 피곤하여 우물 곁에 그대로 앉으시니 때가 여섯 시쯤 되었더라"(요 4:6). 예수님이 사마리아 여인을 만난

때는 지금 시간으로 정오였다. 예수님은 이른 아침부터 서둘러 여행을 시작하여 몇 시간째 뜨거운 햇볕을 견디며 수가라는 동네를 찾아오셨다. '그대로 앉았다'는 것은 힘이 들어 털퍼덕 주저앉았다는 뜻이다. 예수님은 무엇 때문에 이렇게 힘겨운 여행을 강행하셨을까? 그 이유는 한 사람, 사마리아 여인을 만나기 위해서였다. 예수님은 뜨거운 햇볕이 내리쬐는 정오 시간에 사마리아 여인이 우물로 물 길러 나온다는 사실을 아셨기 때문이고, 그 시간에 맞추기 위해 정오까지 비지땀을 흘리며 찾아오셨던 것이다.

예수님은 군중들 앞에서 설교하고 가르치셨지만 때로는 일부러 한 사람을 위해 시간을 사용하시고 애를 쓰셨다. 예수님은 잃어버린 한 마리 양도 포기하지 않으셨다. 우리는 단 한 명이 모였어도 최선을 다해 설교하고, 단 한 명이 참가했어도 미루지 말고 행사를 해야 한다. 단 한 명의 교인을 위해 먼 길도, 긴 시간도 마다 않고 가야 하고 투자할 수 있어야 한다.[60]

예수님은 오병이어의 기적을 계획하셨지만 제자들에게 "너희가 먹을 것을 주라."(마 14:16)고 하셨다. 물로 포도주를 만드실 때 "예수께서 그들에게 이르시되 항아리에 물을 채우라 하신즉 아귀까지 채우니 이제는 떠서 연회장에게 갖다 주라 하시매 갖다 주라."(요 2:7-8)고 하셨다. 나사로를 살리시고 "풀어 놓아 다니게 하라."(요 11:44)고 하셨다. 예수님은 기적을 행하시면서 스스로 할 수 있는 것도 제자들을 동참시키셨다. 이것은 인간이 할 수 있는 일은 인간이 해야 한다는 것을 교훈하시기 위해서였다.[61] 하나님은 전능하시지만 사람을 통해 일하신다. 우리가 일할 때 하나님은 역사하신다.

언제까지 낙심 가운데 주저앉아 있을 것인가? 외형적 성공과 크기에 현혹되어서는 안 된다. 이것은 세상의 문화이고, 세상의 가치이다. 세상 사람들이 추구하는 것을 이루지 못해서 낙심하고 있는가? 그렇다면 가치관이 뒤집혀 있는 것이다. 우리는 하나님의 교훈을 받아야 세상을 이기며 살 수 있다. 부정적인 말에 귀를 닫고 조용히 하나님의 말씀에 귀를 기울이자. 이제 다시 일어나자. 새롭게 하나님의 능력을 힘입고 할 일 많은 일터와 우리를 필요로 하는 현장으로 나가자.

스데반은
실패한
자인가?

　Y 목사가 이태리에 갔을 때의 일이다. 로마에서 피렌체로 이동하면서 성악을 공부하고 있는 한 청년을 만났는데, 그는 아르바이트로 관광 안내를 하고 있었다. 마침 그 청년의 아버지가 목사여서 나와 자연스럽게 대화할 수 있었다. 그는 나에게 이태리에서 음악을 전공하는 우리나라 유학생이 3천여 명 정도 되는데 그중에서 공부를 마치고 귀국하여 빛을 볼 수 있는 사람은 소수에 불과해 경쟁이 치열하다고 했다.

　이처럼 경쟁은 어디서나 치열하다. 성인 실업팀의 축구선수 3천여 명 중에서 국가 대표로 선발되는 사람은 23명뿐이고, 연기자협회에 등록된 1,600여 명의 연기자 중 실제로 TV에서 활동하는 주연급은 50여 명에 불과하다고 한다.

　사람들은 모두 최고를 향해 달리고 또 달린다. 하지만 대부분 정상의 자리에 오르지 못해서 좌절감을 안고 살아간다. 세상은 화려한 성취를 해야 성공이라고 말한다. 그렇지 못하면 실패자라고 말한다. 눈에 보이는 성공은 극소수에게만 주어진다. 그렇기 때문에 보이는 세상적인 성공을 위해 살면 항상 열등감, 실패의식으로 살 수밖에 없다. 목회도 마찬가지이다. 사람들은 세상적인 성공과 실패의 잣대로 목회자를 평가한다. 그런 관점에서 본다면 스데반은 실패자가 되고 만다. 과연 그럴까?

사도행전은 스데반의 순교 직전의 상황을 이렇게 기록한다. "스데반이 성령 충만하여 하늘을 우러러 주목하여 하나님의 영광과 및 예수께서 하나님 우편에 서신 것을 보고 말하되 보라 하늘이 열리고 인자가 하나님 우편에 서신 것을 보노라 한대"(행 7:55-56). 예수님이 "우편에 서신 것"이라는 말이 반복된다. 마가복음 16장 19절을 보면 "주 예수께서 말씀을 마치신 후에 하늘로 올려지사 하나님 우편에 앉으시니라."고 말씀한다. 이 내용이 사도신경에 포함되어 있다. "전능하신 하나님 우편에 앉아 계시다가 저리로서 산 자와 죽은 자를 심판하러 오시리라." 앉아 계시던 예수님은 왜 스데반이 순교할 때 자리에서 일어나셨을까? 스데반을 맞이하기 위해서가 아니었겠는가?

오늘날 사람들은 큰 교회를 담임하면 성공한 것이고, 작은 교회를 담임하면 실패했다고 생각한다. 어느 큰 교회 목사는 "열매를 많이 맺어야 한다. 작은 교회가 아름답다는 말을 믿지 마라. 이는 목회에 실패한 이들이나 하는 변명이다. 주님이 보시기에 큰 교회가 아름답다."라고 말한다. 언제부터 숫자가 목회의 성공 잣대가 되었는지 답답하다. 작은 교회 목회자가 겪는 괴로움 중 가장 심각한 것은 실패의식이다. 작은 교회 목회자는 대다수 자신을 실패자로 간주한다. 그러나 성공과 실패는 우리가 판단할 수 있는 일이 아니라 오직 주님만이 평가하실 수 있는 몫이다.

한경직 목사님은 은퇴한 후에 어느 목회자 세미나에서 강의하게 되었다. 강의가 끝난 뒤에 후배 목회자들은 목사님에게 여러 가지 질문을 했다. 어느 목회자가 한경직 목사님에게 목회의 성공 비결을 물었다. 한경직 목사님은 한참 동안 아무 말 없이 아래만 내려다보았다. 그리고 나서는 조심스럽게 말문을 열었다. "나는 한 번도 내가 목회에 성공했다고 생각해 본 적이 없습니다. 내가 성공한 목회자인지 저 시골에서 평생 몇십 명 안 되는 성도를 돌보느라 애쓴 목회자가 성공한 목회자인지 하나님 앞에 가 봐야 알겠습니다." 장내는 숙연해졌다. 그의 말은 가식이 아니었다. 한경직 목사님은 진심으로 자신을 목회의 성공자라고 자처하지 않았다. 이날 한경직 목사님은 목회의 성공을 인간적인 잣대로 가늠하기가 불가능하다고 스스로 공포했던 것이다.[62]

성공에 대한 인식의 변화는 목회자뿐만 아니라 교인에게도 필요하다. 큰 교회를 다니는 교인은 자신의 교회에 대한 자부심이 남다르다. 자기 교회의 목사님 자랑도 많이 하고, 교회 홍보도 많이 한다. 큰 교회의 목사이기 때문에 훌륭하고 능력이 있는 사람이라고 믿는다. 그래서 작은 교회 목회자에게 "목사님, 우리 목사님처럼 목회하세요."라고 가르치기까지 한다. 이것은 교만이다. 자기 교회에 대한 교인들의 지나친 충성 속에 감추어진 미성숙한 신앙인의 모습은 이제 바뀌어야 한다.

요즘 영화관에서는 영웅 시리즈물이 쏟아져 나온다. 각박한 세상을 살아가는 현대인들은 영웅 시리즈물을 보면서 희열감과 대리만족을 느끼곤 한다. 한국 영화 역사상 가장 많은 관객을 동원한 "명량"의 흥행도 이 시대에 영웅을 찾는 사람들의 마음을 대변한다. 교회에서도 초대형 교회를 이룩한 목회자는 이 시대 최고의 리더 또는 영웅으로 대접받는다. 그러나 목회자의 성공은 목회자 혼자만의 사역 결과가 아니다. 교인들의 지지와 도움이 없었다면 불가능하다. 그리고 하나님이 시기와 때 그리고 도움을 주지 않으셨다면 목회의 성공은 있을 수 없다. 하지만 교회 성장주의자들은 목회의 성공 비결을 논하면서 늘 목회자의 특별활동에만 초점을 맞춘다. 이것은 당연히 비성경적이다.

엄밀히 말하면 목회에서의 성공은 없다. 목회는 성공의 개념이나 성공의 잣대로 측량할 수 없다. 만일 교인 수나 가시적인 예배당 크기로 성공 여부를 측량하려 든다면 예수님은 성공과는 거리가 먼 실패자라고 봐야 한다. 고작 제자 열두 명을 남겼고, 그나마도 한 사람은 배신과 자살로 끝났기 때문이다. 나머지 제자들은 예수님을 부인하고 도망갔다.

예수님은 공생애 내내 예배당 건물은 고사하고 머리 둘 곳도 없이 지내셨다. 죽음을 예고하셨지만 준비해 놓은 무덤이 없어서 돌아가신 후 무덤마저 남이 사 놓은 곳에 들어가셨다. 그러나 그 누구도 예수님을 실패자라고 말하지 않는다. 그렇기 때문에 함부로 판단하지 말아야 한다. 바울은 섣부른 판단을 경고하면서 "그러므로 때가 이르기 전 곧 주께서 오시기까지 아무 것도 판단하지 말라 그가 어둠에 감추인 것들을 드러내고 마음의 뜻을 나타내시리니 그 때에 각 사람에게 하나님으로부터 칭찬이 있으리라."(고전 4:5)고 했다.

존 뉴턴(John Newton)은 18세기의 부도덕한 노예 상인이었다. 그는 영국으로 돌아가는 도중에 토마스 아켐피스의 『그리스도를 본받아』를 읽은 후 자신이 죄인임을 깨닫고 회심하여 목사가 되었다. 그리고 찬송가 "나 같은 죄인 살리신"(Amazing Grace)을 지었다. 그는 "장차 우리가 하늘나라에 가면 세 가지 사실에 놀랄 것이다. 첫째 우리 생각에 꼭 올 줄 알았던 사람이 천국에서 보이지 않는다는 것, 둘째 절대로 올 수 없다고 생각된 사람이 버젓이 와 있는 것. 셋째 바로 나 자신이 천국에 왔다는 사실이다."라고 말했다.

이는 사람의 판단이 얼마나 정확하지 못한가를 단적으로 잘 설명해 준다. 눈에 보이는 것이 전부가 아니다. 하나님은 어둠 속에 감추어진 것까지 보신다. 오직 하나님만이 정확하게 판단하실 수 있다. 그러므로 남은 물론이고 나 자신에 대해서도 섣부른 판단은 위험하다. 중요한 것은 충성이고, 그 충성의 진의는 하나님만이 아시고 판단하실 것이다.

우리의 사역도 하나님이 판단하실 것이라고 생각하며, 우리는 신학생 시절에 읽었던 A. J. 크로닌(A. J. Cronin)의 『천국의 열쇠』를 신학생과 개척 교회를 시작하는 목회자에게 권하고 싶다. 왜냐하면 이 책은 프랜시스 치점 신부의 파란만장하고 인간애 넘치는 삶을 보여 주는 소설로 하나님을 바라보는 믿음을 격려해 주기 때문이다.

치점 신부는 불우한 소년기를 보냈기에 누구보다도 어려운 사람들을 잘 이해했다. 세상 속 성공보다는 자신의 신념과 하나님의 흔적을 찾아서 선교하고 생명을 구하며 밑바닥에서 사제의 길을 간다. 성품이 워낙 강직해 다른 사제들에게 오해를 받기도 한다. 그런데 치점과 같이 신학교를 나온 안셀름은 외모가 뛰어나고 눈치가 빠르며 빼어난 인물이다. 그는 자신의 이 같은 천부적인 조건을 활용하여 신학교에서는 우등생, 신부 시절에는 수석 보좌, 30대에는 외방전교회(外邦傳教會) 참사, 40대에는 주임 신부, 50대에는 주교직에 오르는 등 출세 가도를 달린다.

비록 소설이지만 시사하는 바가 크다. 의사이며 작가인 크로닌은 이 두 사람의 삶을 보여 주면서 독자들에게 진정한 사도는 누구이며, 천국의 열쇠는 어떤 이에게 주어지는지를 묻는다. 아마도 오늘날 세상 사람들은 크로닌의 시각으로 교회를 바라보고 있을 것이다. 그렇다면 오늘의 한국 교회는 어떤 모습으로 비쳐질까?

옛날 요르단 계곡에 나무 세 그루가 있었다. 이들 나무는 재목이 될 만큼 우람하게 잘 자랐다. 첫 번째 나무는 예루살렘 성전의 제단이 되고 싶어 했다. 두 번째 나무는 큰 배가 되고 싶어 했다. 세 번째 나무는 그냥 남아서 길손들에게 그늘을 제공하고 싶어 했다. 얼마 후 나무 세 그루는 도끼로 잘려졌다.

첫 번째 나무는 말구유가 되었다. 두 번째 나무는 작은 고깃배가 되었다. 세 번째 나무는 죄인을 처형하는 십자가 형틀이 되었다. 세 나무는 자신들의 꿈과 현실을 비교해 보고는 자신들이 완전히 실패했다고 생각했다. 그들은 자신들의 삶이 너무 무의미하다고 좌절했다.

그러나 하나님은 그들을 위해 가장 아름다운 미래를 준비해 놓으셨다. 첫 번째 나무는 심히 냄새나고 누추한 말구유가 되었지만 어느 날 밤 가장 거룩하고 성스러운 아기 예수님이 눕혀지는 영광을 얻었다. 두 번째 나무는 갈릴리 호숫가의 조그만 고깃배가 되었지만 어느 날 하나님의 아들 예수님이 그 배에 오르셔서 설교하셨다. 그 어떤 배보다 큰 명예를 얻게 된 것이다. 세 번째 나무는 인류의 죄와 저주를 대신하여 희생당하신 예수님이 매달리신 십자가가 되어 그 후 영원한 믿음의 상징이 되었다.[63]

우리는 살면서 인생이 내 뜻대로 되지 않는다는 것을 깨닫는다.

사람이 마음으로 그 길을 계획해도 하나님은 그의 걸음을 인도하신다(잠 16:9). 내가 계획한 대로 되지 않았다고 해서 실패가 아니다. 내 뜻이 아니라 하나님의 뜻대로 쓰임받는 것이 성공이다. 목회도 마찬가지이다. 내 교회의 교인 숫자를 늘리는 것만이 성공이 아니라 하나님 나라를 위해 쓰임 받는 것이 성공이다.

일산의 A 목사는 일주일 중 4-5일은 강원도 홍천에 있는 사랑이 있는 마을에서 말기 환자들을 돌보는 사역을 한다. 주변 목회자들은 A 목사를 이상하게 생각한다. 자기 교회를 위해 시간을 쓰고 프로그램을 운영하며 교회를 성장시키는 일은 하지 않고, 애쓰고 수고해 봐야 곧 세상을 떠날 환자들을 위해 일하고 있기 때문이다. 그러나 A 목사는 아랑곳하지 않고 10년이 넘도록 그 일을 계속하고 있다. 비록 자기 교회의 교인 수는 늘지 않았지만, A 목사로 인해 기독교를 부정적으로 생각하던 사람들의 사고가 변화되고, 주님을 영접한 환자와 가족이 얼마나 많은지 모른다.

우리는 목회의 범위를 넓힐 필요가 있다. 우리 교회 내의 성도들만이 아니라 우리가 만나는 모든 사람을 목회의 대상으로 삼아야 한다. 자신이 속한 교회의 성장이 아니라 하나님 나라에 관심이 있어야 한다. 그러면 부흥과 개교회 성장에 조급하지 않게 된다. 비록 교인이 몇 명밖에 없고, 재정이 어려우며, 일꾼이 없어서 여러모로 사역이 여의치 못할지라도 여유와 해학으로 목회할 수 있다.

성공적인 목회는 주님이 이미 걸어가신 길을 따르는 것이고, 주님의 발자국을 밟고 가는 것이다. 그러면 그 길을 걷는 삶이 어떠하든, 사람들이 그를 어떻게 평가하든 간에 그는 하나님 앞에서 성공자로 인정받을 것이다.

비전 교회
목회자들이여,
힘을 내라

가나안 정복 전쟁이 끝날 무렵 전략적 요충지인 헤브론 산지를 두고 여호수아와 이스라엘의 지도자들이 작전회의를 했다. 산지의 견고한 성벽과 거대한 아낙자손을 바라보며 누구도 쉽게 나서지 못했다. 이때 85세의 갈렙이 일어났다. "그 날에 여호와께서 말씀하신 이 산지를 지금 내게 주소서 당신도 그 날에 들으셨거니와 그 곳에는 아낙 사람이 있고 그 성읍들은 크고 견고할지라도 여호와께서 나와 함께 하시면 내가 여호와께서 말씀하신 대로 그들을 쫓아내리이다"(수 14:12). 이것이 신앙인이 가져야 할 개척정신이요, 도전정신이다.

개척이라는 말은 본래 멋진 말이었다. 그런데 언제부턴가 개척이라는 말이 초라하게 느껴졌다. 개척 교회가 궁핍한 미자립 교회를 대변하는 말이 되었기 때문이다. 그래서 J 목사가 속한 감리교회에서는 개척 교회를 비전 교회라고 부른다. 앞으로 이루어질 것을 바라보며, 오직 하늘나라 비전으로 살기 때문이다. 모든 두려움의 근원은 죽음이다. 그러나 하늘나라 비전을 지닌 사람은 두려워 떨지 않는다. 어떤 어려움에서도, 심지어 죽음 앞에서도 담대하다. 죽기를 각오한 사람은 누구도 감당할 수 없다(히 11:38).

우리는 젊은 시절에 독일의 디트리히 본회퍼(Dietrich Bonhoeffer) 목사를 '행동하는 신앙인'의 모델로 무척 좋아했다. 그의 옥중 시 "나는 무엇?"[64]은 그가 영웅이 아니라 평범한 인간이라는 사실을 보여 주었고, 그가 교회의 원수라고 경계했던 "값싼 은혜"[65]가 얼마나 위험한 것인지는 위기를 맞은 오늘날의 교회 모습에서 드러났다. 무엇보다도 우리에게 용기를 주는 것은 그의 마지막 모습이다.

1945년 4월 5일, 독일 고백교회 신학자인 본회퍼는 제2차 세계대전 중에 나치에게 항거하다가 체포되어 수감되었다. 2년 후, 종전을 겨우 몇 주 남겨 둔 시점에 그는 부헨발트 포로수용소에서 사형 집행을 기다리고 있었다. 4월 8일 주일이 되자 그는 다른 수감자들을 데리고 예배를 인도했다. 마지막 기도가 끝난 직후, 문이 열리고 간수 두 명이 들어와서 말했다. "죄수 본회퍼, 따라와!" 모두가 그 말이 무슨 뜻인지 알고 있었다. 그것은 교수형을 집행한다는 뜻이었다.

본회퍼는 직감적으로 마지막이 다가왔음을 느끼고 서둘러 작별 인사를 했다. "동지 여러분! 이제 나는 곧 죽습니다. 그러나 기억하십시오. 이것은 마지막이 아니고 시작입니다. 주님께서 나를 위해 예비하신 아버지의 집에서 다시 만날 때까지 여러분, 안녕히 계십시오." 마지막 인사를 하고 감방을 나서는데 그에게서 놀라운 평안과 기쁨이 넘쳐났다. 그 감옥에 있던 사람들은 하나님을 신뢰하는 사람의 마지막 모습이 어떠한지를 충격과 감동으로 지켜보았다. 그 다음 날 본회퍼는 교수형에 처해졌다. 그가 죽는 것을 지켜보던 히틀러 친위대의 한 의사는 그는 마지막까지 용감하고 차분하며 경건했다고 말했다. 그는 하늘나라 비전을 지닌 자의 멋진 모습을 보여 주었다.

토저(A. W. Tozer) 목사는 교회가 단순함과 거룩함으로 되돌아가야 한다고 외친 20세기의 예언자였다. 그는 인기에 영합하지 않고 타협 없이 하나님의 말씀을 강력하게 선포했으며, 합리적인 이성만을 앞세워 입술만의 개혁을 주장하지 않았다. 그렇기 때문에 그의 설교와 글들은 예리한 검처럼 읽는 사람의 마음을 찌르고 가슴을 치게 만들었다. 주변 사람들이 그가 과로로 죽을까 봐 불안해할 때 그는 하나님 나라를 위해 일하다가 죽는 것은 영광스러운 죽음이라 생각했고, 자신의 건강에 대해 이렇게 말했다.

나는 이미 오래 전에 내 건강을 주님께 바쳤다. 내가 나의 사명을 다 완수했다면, 내가 굳이 이 헛된 세상에 더 머물 이유가 무엇이겠는가? 내가 감당해야 할 일이 더 남아 있지 않다면, 내가

어찌하여 늦가을의 마지막 잎새처럼 처량하게 가지에 매달려
있어야 하겠는가?[66]

부흥사 조지 횟필드(George Whitefield) 목사는 일주일에 40시간
내지 60시간씩 설교하는 열정적인 전도자였다. 주변 사람들이 그의
건강을 걱정할 때마다 그는 말했다. "나는 녹이 슬어 없어지기보다
닳아 없어지기 원한다."[67]

어차피 죽어 썩어질 몸이라면 복음을 위해 자신을 태우는 불꽃처
럼 살다 가겠다고 말한 것이다. 횟필드 목사는 나이 56세에 하나님
나라로 부름받았다. 그의 인생은 그리 길지 않았다. 그러나 그는 자
기 몸과 시간을 충분히 활용했다. 그는 부름을 받기 전날 밤까지 말
씀을 전했다. 그는 기력이 다할 때까지 하나님을 위해 자신을 불태
웠다. "나는 녹이 슬어 없어지기보다 닳아 없어지기 원한다." 참으
로 멋진 말이다.

2014년 10월 10일에 한국 교회의 산 증인이요, 최고령자였
던 방지일 목사님이 103세로 하나님의 부르심을 받았다. "닳아질
지언정 녹슬지 않겠다."를 평생의 신조로 삼았던 방지일 목사님
은 은퇴 이후에도 한국 교회 역사의 증인으로 교파를 초월해 한
국 교회에서 존경받는 목회자로 설교와 집필 등 왕성한 활동을 펼
쳤다.

작은 교회 목회자는 큰 교회에서 휘황찬란하게 목회하는 동료를

보며 심하게 위축되곤 한다. 자신이 하고 있는 일이 별로 중요하지 않다고 여겨지기 때문이다. 당신은 지금 닳아 없어지고 싶어도 그럴 만한 일이 없다고 생각하는가? 하지만 묵은 설교를 꺼내 반복하지 않고 매번 새로운 설교를 준비하고자 한다면 목회자들에게는 평생 설교하는 일 한 가지만으로도 시간이 부족하다. 작은 교회 목회자들은 자신이 녹이 슬고 있다고 생각하지 말아야 한다. 아무리 작은 교회라도 정기적인 예배가 있고, 해야 할 일이 있다. 작은 교회 목회자는 교회의 모든 일을 혼자서 해야 하기 때문에 오히려 더 바쁘다.

하나님은 주목받고 빛나는 일을 하는 사람만 칭찬하시는 분이 아니다. 예수님은 "지극히 작은 것에 충성된 자는 큰 것에도 충성되고 지극히 작은 것에 불의한 자는 큰 것에도 불의하니라."(눅 16:10)고 말씀하셨다. 작은 것을 소홀히 하면서 큰 것을 이루고자 하는 것은 일종의 한탕주의에 불과하다. 대박을 노리며 살아가는 도박 인생과도 같은 것이다. 한탕주의는 결코 자신이나 가족에게 유익을 주지 못한다. 우리 주위에는 한방을 노리다가 성공한 사람들보다 한방을 노리다가 한방에 망한 사람들이 훨씬 더 많다. 한탕주의는 큰 것을 좇는 것이 아니라 자신의 탐욕을 좇는 것이다.

미국 복음주의 신학자였던 프란시스 쉐퍼(Francis Schaeffer)는 "하나님 보시기에 하찮은 사람이나 하찮은 장소는 없다. 만약 그 사람들이 삶 전체를 예수님께 맡기고 예수님의 인도를 받는다면 그

하찮은 일로 한 시대의 흐름을 바꿀 수도 있다."라고 말한다. 우리는 "하나님 보시기에"라는 신앙적인 관점이 있어야 한다. 구약 역대기 기자의 왕들에 대한 최종 평가는 "여호와 보시기에"였다. 하나님은 교회가 크냐 작으냐에 전혀 관심이 없으시며, 하나님 앞에서는 큰 사람도 없고 작은 사람도 없다는 것을 기억해야 한다.

누가 알아 주지도 않고 인정해 주지도 않는 하찮은 일을 할 때면 버려진 인생이라는 생각이 들 수 있다. 사탄은 하나님이 우리를 잊어버리셨고, 상황은 결코 바뀌지 않을 것이라고 속삭인다. 그럴 때마다 절망하며 포기하고 싶은 유혹을 받기도 한다. 그럴수록 우리는 자기 자신에게 하나님의 말씀을 들려주어야 한다. 사람들은 외모를 보지만 하나님은 우리의 중심을 보신다(삼상 16:7). 하나님 앞에서는 하나도 잊어버리시는 바 되지 않는다(눅 12:6).

우리는 항상 하나님 앞에 서 있다는 생각으로 살아야 한다. 하나님이 나를 보고 계신다는 신앙이 "코람 데오"(Coram Deo)이다. 루터는 이 말을 즐겨 사용했고, 칼뱅은 평생의 좌우명으로 삼고 살았다. 경건이 사라지는 이 시대야말로 16세기 종교 개혁자들의 모토였던 "코람 데오"의 신앙이 절실히 필요한 때이다.

과거 TV 프로그램 중에 "몰래 카메라"라는 것이 있었다. 웬만한 연예인이라면 이 몰래카메라의 주인공이 되었다. 어느 연예인은 언제 어디서 자신이 몰래카메라의 주인공이 될지 모른다는 생각에 욕도 하지 않고 행동도 주의했다고 한다. 이렇듯 누군가가 나를 보고 있다고 생각하면 우리는 작은 행동까지 조심하며 최선을 다하게 된다. 그렇기 때문에 심판주이신 하나님이 보고 계신다는 생각으로 살면 절대로 함부로 살 수 없고, 작은 것이라도 소홀히 할 수 없다.

16세기 교황 율리우스 2세는 천재 미술가 미켈란젤로를 불러 시스티나성당에 있는 유명한 천지창조 벽화를 그려 달라고 부탁했다. 당시에 이런 제의는 미술 역사상 있을 수 없는 일이었기에 사람들은 흥분했다. 그러나 당사자인 미켈란젤로는 이 엄청난 특권 앞에 흥분하지 않고 오히려 겸손히 엎드렸다. 그리고 거꾸로 누워 4년 동안 천장만 바라보며 벽화를 그리는 일에 자신의 열정과 땀을 모두 쏟아 부었다. 마침내 그의 전 인생을 바친 벽화가 완성되었다. 하지만 그는 여전히 천장에 붙어서 계속 작은 선을 그려 넣고 있었다. 미켈란젤로와 가까이 지내던 어느 추기경이 성당에 들어와 둘러보더니 "그림이 다 완성되었는데 뭘 그리는가? 내가 볼 때는 다 끝났는데?"라고 말했다. 이때 미켈란젤로는 이렇게 대답했다고 한다. "내가 볼 때는 끝났을지라도 하나님이 보실 때는 아직 안 끝났습니다."[68]

예수님은 "너희가 여기 내 형제 중에 지극히 작은 자 하나에게 한 것이 곧 내게 한 것이니라."(마 25:40)고 말씀하셨다. 사람들 보기에 지극히 작은 것이라도 최선을 다할 때 주님은 기뻐하신다. 처량하게 앉아 있을 시간이 없다. 영국 출신의 순회 선교사였던 오스왈드 챔버스(Oswald Chambers)는 "갈 길을 알면서 계속 길을 묻기만 하는 습성을 경계하라."[69]고 했다. 우리가 해야 할 일과 우리가 가야 할 길은 분명하다. 이제는 더 이상 묻지 말고 자리에서 일어나 할 일을 하고 갈 길을 가면 된다.

미국의 목사이자 작가인 에드워드 에버렛 헤일(Edward Everett Hale)은 이런 말을 했다.

> 나는 그저 한 사람이다. 그러나 유일한 한 사람이다. 나는 모든 것을 다 할 수는 없다. 그러나 내가 할 수 있는 무언가가 있다. 내가 할 수 있는 것을 나는 해야 한다. 하나님의 도우심으로 나는 그것을 할 것이다.[70]

참으로 멋진 말이다. 우리는 작은 목소리를 내는 한 사람이다. 그러나 유일한 사람이다. 어거스틴의 말대로 하나님은 마치 이 세상에 나 한 사람밖에 없는 것처럼 나를 사랑하신다. 다른 목회자와 다른 교회와 비교하지 말자. "굼벵이도 구르는 재주가 있다."라는 속담처럼 하나님은 각 사람에게 무언가 잘할 수 있는 한 가지를 주셨다. 우리는 그것을 찾아서 그것으로 일해야 한다. 우리가 하는 일이 대단하지 않아서 사람들의 박수가 없을지라도 힘을 내야 한다.

예수님이 가시는 곳곳마다 사람들은 몰려들었다. 하지만 예수님은 한 번도 군중에 매혹되지 않으셨다. 오히려 그들을 피하려 하셨다(막 1:37-38). 바울은 큰 능력의 사람이었고, 땅 끝까지 복음을 전하기 위해 서바나까지 가려고 했던 비전의 사람이었다. 그러나 바울은 몇 사람이라도 구원하고자 여러 사람에게 여러 모양이 되었다(고전 9:22). 바울은 작은 일도 소홀히 여기지 않았다. 바울은 각 사람을 그리스도 안에서 완전한 자로 세우려 노력했다(골 1:28).

교인이 몇 명이든 상관없이 각 사람을 성숙한 자리로 이끌기 위해 힘을 다해 수고하는 것이 목회자가 해야 할 최선이다. 노예가 되었어도, 감옥에 갇혔어도 하나님을 바라보면서 성실하게 살고 최선을 다했던 요셉을 생각하며 우리도 할 수 있는 일에 최선을 다해야 한다. 하나님은 우리가 하는 그 어떤 작은 일 하나라도 기억하신다. "티끌 모아 태산"이라는 말이 있다. "천리 길도 한 걸음부터"라는 말도 있다. 작은 것부터 시작하면 된다.

작지만
영향력 있는
교회

　매년 문을 여는 교회보다 문을 닫는 교회가 훨씬 많아진 안타까
운 현실 속에서 "작은 교회가 살아야 한국 교회가 살 수 있다."라는
작은 교회 살리기 운동이 수년 전부터 일어나기 시작했다. 이는 참
으로 반가운 일이다. 그러나 취지는 좋지만 그 표현에 문제가 있다.
"살리기"라는 말에는 죽었다는 의미가 내포되어 있기 때문이다. 교
회가 크면 살아 있는 것이고, 작으면 죽어 있는 것인가? 누구도 그
렇다고 말하지는 않는다. 그러나 "작은 교회 살리기"라는 말이 은
연중에 그런 생각을 심어 준다. 그래서 규모 있는 교회에 다니는 성
도들은 작은 교회, 상가 교회, 지하 교회를 보면서 "죽은 교회"라는
어이없는 말까지 한다.

　이런 문제를 고려하여 일각에서는 "작은 교회 살리기"를 "작은
교회 세우기"로 슬로건을 바꾸었지만 그렇다고 그 말이 사라진 것

은 아니다. 여전히 교회 언론에서는 "작은 교회가 살아야 한국 교회가 산다."라는 말을 한다. 얼마 전 모 교계 신문에서 "목회 코칭으로 비전 교회를 살리다."라는 제목의 글을 읽었다. 그 글은 "최근 한국 교회는 비전(개척) 교회 문제로 골머리를 앓고 있다."라는 말로 시작되었다. "살리다", "골머리"라는 표현에서 개척 교회에 대한 기자의 생각을 읽을 수 있었다. 교회의 규모가 작다고 해서 모든 작은 교회를 매도하여 문제로 여기는 것은 잘못이다.

바벨론 포로에서 돌아온 이스라엘 백성에게 주어진 과제는 성전을 건축하는 일이었다. 스룹바벨이라는 지도자가 앞장서서 성전을 지었지만 건축을 시작할 때 드러난 규모나 겉모습이 너무나도 초라해서 이스라엘 백성은 열등감과 부끄러움을 느꼈다. 그러자 하나님은 그 마음을 헤아리시고 "이것이 너희 눈에 보잘것없지 아니하냐."(학 2:3)라고 물으셨다. 성전의 규모가 작다고 낙심하지 말라는 것이다.

당시 역사서 에스라를 보면 "제사장들과 레위 사람들과 나이 많은 족장들은 첫 성전을 보았으므로 이제 이 성전의 기초가 놓임을 보고 대성통곡하였으나."(스 3:12)라고 말씀하신다. 왜 첫 성전을 본 자들은 대성통곡했을까? 첫 성전에 비해 두 번째 성전의 규모가 너무나도 초라했기 때문이다. 어떤 사람들은 성전을 완공하는 날을 "작은 일의 날이라."(슥 4:10)고 평가절하하며 멸시했다.

하지만 하나님은 학개 선지자를 통해 이런 태도를 책망하셨다.

그리고 주저하고 있는 유대 민족을 향해 "너희는 산에 올라가서 나무를 가져다가 성전을 건축하라 그리하면 내가 그것으로 말미암아 기뻐하고 또 영광을 얻으리라."(학 1:8)고 말씀하셨다. 뒷동산에 올라가서 화려하지 않아도, 볼품없어도 쓸 만한 나무라면 그것을 가져다가 성전의 재료로 삼으라는 것이다. 이것은 "무엇이든지 좋다. 화려하지 않아도 되고, 훌륭하지 않아도 된다. 다만 너의 마음과 정성만 있다면 내가 그것으로도 충분히 기뻐하고 영광을 얻겠다."라는 뜻이다.

그렇다면 이전에 솔로몬이 지었던 성전 재료는 어떠했을까? 열왕기상 5장에 보면 건축 재료들이 나와 있다. 솔로몬은 두로 왕 히람에게 사신을 보내 성전 건축에 필요한 목재를 얻었다. 레바논 백향목과 잣나무를 구해다가 예루살렘으로 운반했다.

솔로몬이 성전 건축을 위해 일으킨 일꾼의 수는 무려 삼만 명이나 되었다. 또한 짐꾼이 칠만 명이었고, 산에서 돌 뜨는 자가 팔만 명이나 되었다(왕상 5:13-15). 솔로몬의 건축자와 히람의 건축자와 그발 사람들이 돌을 다듬었다(왕상 5:18). 한마디로 당대 최고의 건축가들이 모여 성전을 지은 것이다. 솔로몬 성전은 웅장할 뿐 아니라 화려했다. 성전은 금과 은으로 번쩍였다. 사람들은 금과 은으로 가득한 성전을 자랑스러워했다.

그러나 스룹바벨 성전은 규모도 볼품 없었을 뿐 아니라 성전을 금과 은으로 치장할 수 없었다. 이스라엘 백성은 기분이 나지 않았다. 그러자 하나님은 "은도 내 것이요 금도 내 것이니라."(학 2:8) 고 말씀하셨다. 금과 은, 즉 이 세상 만물의 주인이신 하나님께서 원하시면 솔로몬 성전보다 백 배 더 크고 화려한 성전을 지으실 수도 있다. 그러므로 이런 크신 하나님 앞에서 성전이 초라하다고 힘들어할 필요가 없다.

하나님은 "이 성전의 나중 영광이 이전 영광보다 크리라."(학 2:9)고 말씀하셨다. 어떻게 이런 일이 가능할 수 있을까? 솔로몬이 지은 제1성전은 건축한 지 383년 만에 바벨론에 의해 완전히 훼파되었지만, 스룹바벨이 지은 제2성전은 주전 516년에 완공되어 500년이 넘도록 이어졌고, 헤롯왕이 성전을 증축할 때까지 성전의 역할을 다했다.

"이 성전의 나중 영광이 이전 영광보다 크리라."는 말씀을 오늘 우리는 어떻게 적용해야 할까? 한 가지 중요한 사실을 깨달아야 하는데 하나님이 우리에게 요구하시는 것은 큰 예배당에서 드려지는 화려한 예배가 아니라는 점이다. 하나님의 임재는 예배당의 크고 작음과 무관하다. 교회의 재정과도 무관하다. 성도 수의 많고 적음과도 무관하다. 하나님께는 건물도, 물질도, 숫자도 중요한 것이 아니다.

하나님께 중요한 것은 오직 예배이다. 참된 예배처가 그리심 산인지 아니면 예루살렘인지 묻는 사마리아 여인에게 예수님은 "아버지께 참되게 예배하는 자들은 영과 진리로 예배할 때가 오나니 곧 이 때라 아버지께서는 자기에게 이렇게 예배하는 자들을 찾으시느니라."(요 4:23)고 말씀하셨다. 하나님은 외모를 보지 않으시고 중심을 보신다. 우리가 얼마나 하나님을 사랑하고 마음을 다해 예배를 드리는지 살피신다. 영과 진리로 드리는 예배는 그곳이 어디이든 상관없이 하나님이 임재하시고 영광을 나타내신다.

그런데 사람들은 왜 성전을 크게 지으려고만 할까? 하나님은 크지 않아도 괜찮다고 하시는데 도대체 누구를 위해 크게 지으려는 것일까? 하나님을 믿지 않았던 헤롯도 성전을 지었다. 그러나 그가 지은 성전은 완공된 지 5년도 안 되어 로마에 의해 철저하게 훼파되어 오늘날 통곡의 벽이라 불리는 성벽 하나를 제외하고는 돌위에 돌 하나도 남지 않게 되었다. 목회자들은 건축에 앞서 하나님을 위한 건축인지 아니면 업적과 과시를 위한 건축인지 잘 분별해야 한다. 더 이상 목회자들의 야망에 교인들이 도구가 되어서는 안된다.

오늘날 한국 교회의 큰 문제 중의 하나는 교회 건축이 마치 교회 성장인 것으로 오해하는 데 있다. 한국 교회는 언젠가부터 '교회 성장=교회 건축'이라는 등식을 갖게 되었다. 그러다 보니 무리하게 은행빚을 내서라도 교회를 건축하고 빚을 갚느라 허덕이며 아무 일도 하지 못하게 됐다. 교회 성장은 이루어져야 하지만 '교회 성장=교회 건축'이라는 등식은 한국 교회의 큰 문제가 아닐 수 없다.

예수님은 12명을 데리고서 제자 훈련을 하셨다. 바울은 대형 교회 하나를 세우려 하지 않았다. 이방 땅을 두루 다니면서 각 사람을 권하고, 각 사람을 가르치며, 예수 공동체를 여러 개 세웠다. 예수님과 바울은 오히려 작은 자, 적은 무리, 소수에게 전념했다. 초대교회 당시 교회들은 50명에서 100명이 모이는 작은 교회로 존재했다. "이 날에 신도의 수가 삼천이나 더하더라."(행 2:41)는 사도행전의 표현은 단일 교회가 아닌 기독교 인구가 그런 속도로 늘어났다고 보아야 한다.[71]

규모가 크고 사람이 많아야만 하나님께서 임재하시는 것이 아니다. 예수님은 "두세 사람이 내 이름으로 모인 곳에는 나도 그들 중에 있느니라."(마 18:20)고 말씀하셨다. 교회의 권위는 그리스도의 함께하심에 있다. 예수 그리스도의 이름으로 모이기만 한다면 규모는 전혀 중요하지 않다. 오직 그리스도의 임재만이 중요하다. 작은 교회의 교회론적 정당성은 여기에서부터 시작된다.

교회다운 교회가 되려면 예배 공동체로서의 교회가 되어야 한다. 교회가 존재하는 한 감당해야 할 사역 중 그 어떤 일보다 최우선되어야 할 일은 예배로서 하나님을 섬기고 영광을 돌리는 일이다. 교회가 이 땅에 존재하는 가장 중요한 목적은 오직 하나님께 영광을 돌리는 데 있다. 규모가 작아도 예배 중에 하나님의 임재가 나타나며, 규모가 작아도 교회의 기능을 다하면 온전한 교회이다.

우리는 교회가 예배 공동체라는 점에서 작은 교회 목회자들의 정체성도 분명히 확인할 수 있다. 토마스 오덴(Thmoas C.Oden)

은 제사장적인 안목에서 목회자가 해야 할 일을 다음과 같이 말한다.

> 목회의 주체성에서 가장 강력한 것 중의 하나는 예배 공동체에서의 지도자라고 하는 공적 역할이다. 목회자들이 여타 사회적 기능이 제 아무리 다양하다고 할지라도 목회자는 공개적으로 흔히 예배의 지도자로 동일화된다. 목회자는 어디를 가더라도 사람들은 이 명백한 공적 임무와 관련해서 생각하게 된다. 따라서 비록 목회자의 관심이 어디에 있든지 간에 목회자는 이러한 기대를 분명히 이해하고, 그에 대한 자신의 태도를 주의 깊게 점검하는 것이 현명하다.[72]

작은 교회라고 해서 예배만 드리는 것은 아니다. 작은 교회 중에서도 큰 교회 못지않게 주의 일을 많이 하면서 지역 사회에 영향력을 나타내는 교회가 많이 있다. 일산의 Y 목사와 같은 교단에 소속된 아름다운교회가 그중 한 교회이다. 100여 명이 모이는 작은 교회이지만 A 목사는 대외적으로 일산기독교연합회 회장, 일산경찰서 경목위원장, 시정주민참여위원회 위원으로 활동했고, 지금은 민주평통자문위원으로 활동하고 있다. 일산기독교연합회와 신도시기독교연합회가 통합할 때 여러 명의 증경회장들이 있었지만 회원들은 A 목사를 회장으로 추대했다. 그만큼 그는 지역 목회자들에게도 존경을 받았다. 그리고 고양시기독교총연합회 대표 회장을 맡으면서 가장 많은 사업을 펼쳤다.

A 목사는 요즘 보기 드문 목회자 중의 한 사람이다. 그는 일산 신도시가 세워질 무렵 교회 없는 마을을 찾다가 산 속에 위치한 풍동에 교회가 없는 것을 보고 그곳에 교회를 개척했다. 그리고 교계 매스컴의 조명을 받았다. 지역 주민을 섬기는 목회를 통해 교인 100여 명이 다니는 아름다운교회는 뮤지컬 팀을 운영하면서 수많은 국내외 공연을 통해 사람들에게 복음을 전했다.[73] 지금은 강원도 홍천 내면에 위치한 "사랑이 있는 마을"에서 말기암 환자들을 돌보는 사역을 하고 있고,[74] 최근에는 그 경험을 담은 『암을 이기는 7가지 건강관리』라는 책까지 출간했다.

큰 교회에서 기획관리실장을 지냈던 Y 목사는 성장주의 신학을 추구하고 있었기 때문에 개척하기 전에는 작은 교회에 관심이 없었다. 이것이 그가 한 큰 실수였다. 그는 개척 교회를 탐방하고 연구하지 않았던 터라 시행착오가 많았다. Y 목사는 한때 유행하던 교회 성장 연구가인 정 아무개 박사가 주관하는 교회 성장 세미나에 참석한 적이 있었다. 그는 강의 중에 "교회 성장은 하나님 아버지의 기뻐하시는 뜻"이라고 하면서, "교회를 성장시키지 못한 목사는 호로 자식이다."라는 말을 하곤 했다. 여기서 "호로 자식"이란 '보고 배운 것 없이 자라 막되 먹은 사람'을 가리킨다. Y 목사는 교회 사역을 하면서 그 말을 빈번히 인용했다.

그러나 자신이 교회를 개척하고 나서 교회가 성장하지 못하자 그는 힘들어했다. 그는 큰 교회의 목회자들 앞에서 주눅 들었고, 어쩌다 아는 교인을 만나면 자리를 피하곤 했다. 교인들이 Y 목사에게 "부흥됐죠? 교인이 몇 명이에요?"라고 물었기 때문이다.

그러나 Y 목사는 개척 정신과 목회 철학이 분명한 아름다운교회의 A 목사를 만나면서 작은 교회를 새로운 시각으로 볼 수 있게 되었다. Y 목사는 이제 자신의 그릇이 작다는 것을 인정하며, 교인이 몇 명이든 설교할 수 있는 것만으로도 영광스럽게 생각한다. 그리고 작은 교회가 오히려 정겹고 좋다고 말한다.

이제 우리의 목표는 작은 교회를 벗어나는 것이 아니라 작은 교회의 정체성으로 당당히 존재하는 것이다. 가족과 같은 건강한 공동체를 이루어 교회가 속한 지역에서 소외된 자들과 함께하며 선한 영향력을 나타내야 한다.

작은
교회도
좋다

미국의 어느 교회에서 한 교인이 굉장히 테가 큰 괴상한 모자를 쓰고 예배당 중앙에 앉아 있었다. 그 모습을 본 목사는 안내 담당 집사에게 예배를 드릴 때는 모자를 벗는 것이 예의라고 그에게 일러 줄 것을 부탁했다. 안내 집사는 그에게 가서 "성도님, 교회에서 하나님 앞에 예배를 드릴 때는 모자를 벗는 것이 예의입니다. 모자를 좀 벗어 주시겠습니까?"라고 조심스럽게 말했다. 그랬더니 오히려 그 사람은 안내 집사를 보고 매우 고마워했다고 한다.

그 사람의 반응이 이상해서 나중에 예배가 끝나고 나서 왜 그렇게 감사했느냐고 물으니까 그 사람은 이렇게 대답했다고 한다. "제가 이 교회에 출석한 지 6개월쯤 되었는데, 그동안 아무도 제게 말을 걸어 주지 않았습니다. 그런데 오늘 당신이 처음으로 저에게 말을 걸어 주셔서 정말로 감사했던 것입니다." 아마도 그 교인은 자신에게 말을 걸어 줄 사람을 찾기 위해 그런 식으로 관심을 끄는 행동을 했을지도 모른다.

큰 교회에서는 사람을 만나도 별 관심이 없는 경우가 있다. 큰 교회 담임목사는 길을 가다가 누가 인사를 해도 알아보지 못하는 경우도 많다. 하지만 자기 교인들의 얼굴도 모르고 이름도 모르는 목회자가 되어서는 곤란하다. 목자는 양을 알고, 양은 목자를 알아야한다. 성도들은 목회자에게 하나의 숫자로 파악되는 존재가 아니라 자신이 참으로 의미 있는 귀한 존재가 되고 싶어 한다. 그러나 이러한 당연한 말이 뭘 모르는 순진한 목회자의 헛소리로 생각될 수 있다. 왜 그럴까? 교인들과 분리되어야만 목회자자신의 권위를 유지할 수 있고, 사생활이 베일 속에 감추어져야만 신비하고 거룩한 존재로 존경받을 수 있다고 생각하기 때문이다.

그렇다면 예수님은 참된 목회자에 대해 어떻게 말씀하셨을까? 예수님은 자신을 선한 목자라고 소개하시면서 목자와 양의 관계에 대해 이렇게 말씀하셨다. "나는 선한 목자라 나는 내 양을 알고 양도 나를 아는 것이 아버지께서 나를 아시고 내가 아버지를 아는 것 같으니 나는 양을 위하여 목숨을 버리노라"(요 10:14-15). 이렇듯 자신의 교인인지 알아보지도 못하는 목회자를 과연 목자라고 할 수 있을까?

큰 교회의 가장 큰 취약점은 공동체성의 부족이다. 교회가 공동체성을 확보하려면 목회자가 감당할 수 있는 적정선에서 교인의 숫자를 제한해야 하고, 그 수가 넘으면 분립할 수 있어야 한다. 그렇다면 한 명의 목회자가 돌볼 수 있는 교인의 숫자는 얼마나 될까? 이 질문에 영국 옥스퍼드대학교의 진화인류학 교수인 로빈 던바(Robin Dunbar)가 힌트를 준다.

던바는 『발칙한 진화론』(*How many friends does one person need ?*) 이라는 책에서 긴밀한 관계를 맺을 수 있는 가족과 친구 수는 최대 150명이라고 주장한다. 한 사람이 사귀면서 믿고 호감을 느끼는 사람, 즉 진짜 친구의 수는 최대 150명이라는 것이다. 이 관계는 달리 표현하면 예고 없이 불쑥 저녁 자리에 합석해도 어색하지 않은 사이를 말한다. 이는 SNS를 통해 인맥이 확대되더라도 진짜 친구의 숫자 150명에는 변화가 없다는 주장으로 더욱 눈길을 끌었다. 사람마다 친구의 숫자는 다를 수 있지만 평균적으로 150-200명을 넘어서면 교제에 제약이 따르기 시작하고, 이 범위를 벗어나는 사람은 '지인' 정도의 레벨로 떨어지게 된다는 것이다. "한 사람이 안정적인 관계를 유지할 수 있는 사람의 숫자에는 인지적인 한계가 존재한다." 여기서 말하는 한계점을 던바의 법칙이라고 한다.

이 이론을 접하면서 공동체로서의 교회 규모를 생각해 보았다. Y 목사는 교인이 150명 이상이 되면 관리하는 것이 어렵다고 말한다. 실제로 교구장이 맡고 있는 한 교구의 성도 수는 150명 내외이다. 교회에서 가장 중요한 '공동체성'이 보장되는 것은 대형 교회보다 소형 교회라는 점을 감안하면 1만여 명이 모이는 한 교회보다

1천여 명이 모이는 열 교회가 낫고, 그보다는 150여 명이 모이는 60-70개 교회가 더 낫다고 생각한다.

한동안 미국에서는 "200명 돌파 세미나", 한국에서는 "300명 돌파 세미나"가 유행했다. 한계 숫자인 200, 300을 돌파해 보자는 것이다. 이를 위해 갖가지 이론을 제시했지만 이 선을 넘기가 어려웠다. 던바의 법칙에 따르면 이것은 당연하다. 오히려 이 숫자의 교회가 적당하다고 보아야 한다.

던바의『발칙한 진화론』(*How many friends does are person need ?*)이라는 책은 러시아의 소설가 톨스토이(Lev Nikolayevich Tolstoy)의 단편 소설『사람에게는 얼마만큼의 땅이 필요한가?』(*How much land does a man need?*)를 연상하게 한다.

러시아에 바흠이라는 한 농부가 있었다. 바흠은 평범하지만 큰 욕심 없이 행복하게 살던 한 소작농이었다. 어느 날 바흠은 우연한 기회에 땅을 조금 얻게 되었다. 그런데 땅을 얻은 후에는 이상하게도 욕심이 자꾸 생겨 땅을 계속 넓혀 가야만 성이 차곤 했다. 그러던 어느 날 바흠은 어떤 지방에서 땅을 싸게 판다는 말을 듣고 그곳에 가게 되었다. 이 지방은 땅을 파는 방식이 매우 독특했다. 하루 종일 자기 발로 걸은 만큼의 땅을 주었지만 해가 지기 전에 그 출발점으로 돌아오지 않으면 무효가 되었기 때문이다.

바흠은 이 계약에 동의하고 아침 일찍 일어나 자기 땅을 얻기 위해 출발했다. 날씨는 무덥고 몸은 피곤했지만 바흠은 오로지 땅에 대한 욕심으로 쉬지 않고 걸었다. 그는 뛰다시피 이곳저곳을 다니며 땅에 표시를 했고, 출발지였던 원점은 점점 멀어졌다. 해가 벌써 지평선에 가까운 것을 보자 그는 죽을힘을 다해 원점을 향해 뛰었다. 사력을 다해 원점으로 돌아온 바흠은 입에서 피를 토하며 쓰러져 죽었다. 그의 하인은 그를 묻을 땅을 팠다. 바흠이 차지한 땅은 겨우 그가 누울 좁은 땅이 전부였다. 드넓은 땅을 소유하고자 하는 욕망이 있었지만 바흠에게 실제로 필요한 땅은 결국 그의 관을 누일 두 평 남짓에 불과했다.

사람에게는 한계가 있다. 따라서 욕심을 부리면 안 된다. 하나님이 사람을 만들 때 그 한계를 정해 놓았다면 거기에 맞춰 사는 것이 순리이다. 흐르는 물을 되돌리려 하다 보면 문제가 생긴다. 인위적으로 물길을 바꾸려 하지 말고 물 흐르듯 가야 한다. 그것이 순리이고, 하나님의 뜻이다.[75]

하나님이 정해 놓은 보편적인 사이즈가 150명밖에 되지 않는데 1천 명, 1만 명의 교회를 만들겠다고 세미나에 열심히 쫓아다니며 기도와 성령의 역사보다 방법론에 매달린다면 하나님은 어떻게 생각하실까? 1만 명 이상의 교회가 세워지는 것은 지극히 특별한 경우이다. 하나님이 나에게 주신 한계가 150명인데 자꾸 그 이상을 꿈꾸며 그 목표에 이르지 못해서 실패의식과 열등감에 사로잡혀 지낸다면 심히 불행한 일이 아닐 수 없다.

교회는 하나님의 복 주심 없이도 수적으로 얼마든지 성장할 수 있다. 즉 사람을 끌어모으는 것과 교회를 세우는 데는 큰 차이가 있다. 이것을 모르는 목회자는 없을 것이다. 하지만 많은 목회자가 자신과 함께 심리적인 게임을 한다. 자신의 성공 여부를 놓고 숫자와 통계로 자신의 사역 성공과 실패를 저울질하면서 또 한편으로는 자기 자신에게 그와 같은 성공이 중요한 것이 아니라 내용이 중요하다고 타이른다. 만약 이러한 모순에 빠져 있는 목회자가 있다면 그의 정신 건강은 위험한 상태이다.[76]

예수님은 성전을 청결하게 하시면서 "내 아버지의 집으로 장사하는 집을 만들지 말라."고 하셨다. 그 말씀을 들으면서 제자들은 "주의 전을 사모하는 열심이 나를 삼키리라."고 한 것을 기억하게 되었다(요 2:16-17). 제자들이 기억한 이 말씀은 무식하면서도 열심 있던 지도자들에게 하신 경고이다. 목회철학과 원리가 정립되지 않은 마구잡이식 열심은 주님의 교회를 세우는 것이 아니라 오히려 교회를 더럽히고 욕되게 할 수 있다. 또한 교회 지도자가 성경적 교회론을 깨닫지 못하고 봉사하는 것은 교회의 본질과 사명을 방해할 수 있고, 교회의 발전에 부작용과 역효과를 가져올 수 있다.

우리가 모델로 여기는 초대 교회는 유무상통하는 나눔 공동체였다. 건물이 아닌 가정 중심의 소그룹 예배 공동체였다. 교인들이 함께 식사하며 교제하는 친교 공동체였다. 소외된 이웃을 품는 가족애적인 사랑의 공동체였다. 그래서 각 개인이 소외되는 일이 없었다. 현대 교회가 가장 경계해야 할 것은 물량주의이다. 물량주의는 소수보다는 다수를 인정한다. 숫자가 많으면 진리가 된다. 물량주의의 결과는 비인간화다. 오늘날 한국 교회가 성도들을 숫자로 파악하는 비인간화를 극복하고 초대 교회와 같이 사랑을 나누며 가족과 같은 분위기에서 교제할 수 있는 공동체를 이루어 가기 위해서는 던바의 법칙이 주는 의미를 깊이 생각해 보아야 한다.

유진 피터스(Eugene Peterson)는 『성공주의 목회 신화를 포기하라』는 책에서 성장이 산술적 개념이 아니라 생물학적 의미를 담고 있다는 사실을 망각하고 있다고 지적한다.

> 생물학에서 성장은 시간, 인내력, 기다림, 균형, 성숙과 관계되어 있다. 각각의 요소가 적절한 크기로 유지되어야 한다. 또한 여러 요소 사이의 균형과 조화는 필수적이다. 성장의 과정은 대단히 복잡하고 신비로운 형상이다. 모든 교회는 균형과 조화가 적절한 크기로 유지되어야 한다. 각각 다른 장소와 상황에 처해 있는 서로 다른 교회들은 각기 다른 부분과 크기를 지니고 있다. 외부에서 들어온 어떤 사람도 그 교회의 크기를 함부로 결정할 수 없다. 현명한 목회자는 그 교회의 한계와 범위를 존중하고 인정할 것이다.[77]

한 영혼이 회개하고 천국 가는 데는 관심이 없고, 오직 몇 명 이 모였느냐가 관심이요, 부흥의 척도가 되어서는 곤란하다. 크고 작고가 성공과 실패의 판단 기준이 되어서는 안 된다. 하나님 앞에서는 큰 것과 작은 것의 구별이 없다. 하나님이 기뻐하시면 심산계곡에서 홀로 피는 패랭이꽃도 한없이 위대하고, 하나님이 인정하지 않으시면 영웅호걸의 세계 정복과 제왕의 업적도 두엄 거름 속에 던져지는 한 줌의 풀이다.[78]

성장이라는 이름으로 교회는 더 이상 세속화, 상업화, 기업화의 길로 가서는 안 된다. 욕심을 버려야 한다. 성장보다는 교회다운 모습을 되찾아야 한다. 본질을 회복해서 기업과 같은 교회가 아니라 공동체로서의 교회가 되어야 한다. 교회는 크고 작고의 문제에서 떠나 서 있는 자리에서 복음을 선포하며, 이웃을 섬기는 것이 목적이 되어야 한다. 목자는 양을 알고, 양은 목자를 아는 교회가 되어야 한다.

현대 사회는 가족이 해체되고 개인주의의 경향으로 인간 관계가 단절되면서 소외 심리가 커졌다. 이 같은 상황에서 사람들은 내면의 성장을 추구하고, 영성에 대한 강한 욕구를 갖는다는 주장이 제기됐다. 그런데 기독교가 이들을 수용하지 못하기 때문에 시민 종교나 아시아 종교에 그 자리를 빼앗겼다. 교회는 이들에게 명확한 답을 줄 수 있어야 한다.

오늘날 한국 교회는 교회 밖의 사람들에게 관심을 줄 뿐만 아니라 교회 안의 교인들에게도 깊은 관심을 보여야 한다. 그 이유는 관심을 받지 못하고 있는 비활동 교인들이 방죽에서 물이 새듯 서서히 교회 밖으로 빠져나가고 있기 때문이다. 한 이론에 따르면 교회 안에 아는 사람이 7명 정도만 있어도 그 교회를 떠나지 않을 확률이 90% 이상 된다고 한다. 그래서 큰 교회는 소그룹 활성화에 역점을 둔다. 이런 측면에서 성도 한 사람도 소홀함 없이 세밀하게 돌볼 수 있는 작은 교회는 내적 성숙을 이룰 수 있는 환경과 가능성이 있다.

최근 "힐링"이라는 말이 우리 사회에서 화두되고 있다. 힐링은 예수님의 3대 사역 중의 하나였고(마 4:23), 지금까지 교회가 해 오던 일이었다. 진정한 힐링은 주님의 품 안에서 이루어진다. 힐링 사역은 소그룹에서 효과적으로 할 수 있기 때문에 작은 교회 목회자들이 잘할 수 있다. 단절된 인간관계 속에서 상처받고 외로워하는 이들을 주님의 품 안으로 보듬어 줄 수 있는 지혜가 필요하다.

다시
예루살렘을
향하여

예수님은 잡히시기 전에 감람산으로 가시면서 제자들이 자신을 버리고 베드로가 자신을 부인할 것을 예언하셨다. 예수님은 제자들과 함께 겟세마네 동산에 가셔서 기도하셨다. 예수님은 세 차례 제자들을 찾아오셨는데 그때마다 제자들은 잠을 자고 있었다. 예수님은 기도를 끝내시면서 "일어나라 함께 가자 나를 파는 자가 가까이 왔느니라."(마 26:46)고 말씀하셨다. 예수님은 제자들이 자신을 버리고 흩어질 것을 아시면서도 그들과 동행하셨다.

예수님은 예정대로 십자가에 못 박혀 죽으시고 무덤에 장사되셨다. 예수님이 말씀하신 대로 베드로는 예수님을 세 번이나 부인했고, 낙심한 제자들은 뿔뿔이 흩어졌다. 예수님은 우리의 모든 것을 아신다. 결심하고 장담해도 죽음 앞에서 두려워 떨며 원하지 않는 일을 하게 될 우리의 연약함을 알고 계신다. 그뿐만 아니라 우리의 연약함을 동정하신다(히 4:15). 그래서 우리도 예수님의 제자들처럼 다시 일어설 수 있고, 다시 도전할 수 있다. 그렇다면 주님께서는 우리가 낙심하고 영적으로 침체되었을 때 어떻게 회복시켜 주실까?

예수님이 부활하신 지 사흘째 되던 날 두 제자는 낙담하여 예루살렘에서 엠마오로 내려가고 있었다. 그때 한 낯선 동행자가 그 길에 끼어들었다. 그 낯선 사람과 대화하며 함께 식사하면서 알게 된 사실은 그가 바로 부활하신 예수님이라는 것이었다. 두 제자는 예수님과 함께 가면서 실의와 절망이 희망과 기쁨으로 변하는 것을 경험했다. 그들은 서로 말하기를 "길에서 우리에게 말씀하시고 우리에게 성경을 풀어 주실 때에 우리 속에서 마음이 뜨겁지 아니하더냐."(눅 24:32) 하고 즉시 어두움의 자리에서 일어나 부활의 축제가 벌어질 예루살렘으로 향했다.

주님은 말씀을 통해 우리의 마음을 뜨겁게 변화시켜 주시고, 다시 사명을 감당하게 해 주신다. 우리가 실망과 좌절의 자리에서 다시 일어날 수 있는 비결은 성령의 역사와 말씀으로 마음이 뜨거워지는 데 있다. 이것은 엠마오로 내려가던 두 제자의 경험에서, 또 탕자 어거스틴의 회심에서 그리고 마르틴 루터나 존 웨슬리 등 개혁자들의 삶에서도 확인된다. 이들은 모두 말씀으로 변화되고 새로워졌다.

사도 바울 이후 최고의 신학자로 꼽히는 어거스틴은 경건하고 영적인 어머니와, 이교도이며 육적인 아버지 밑에서 자랐다. 그는 청년 시절에 방탕한 생활을 보냈다. 그러다가 이러면 안 되겠다는 생각으로 욕망의 수렁에서 벗어나 보려고 했지만, 마음뿐이었다. 이 때문에 어거스틴은 답답해하고 괴로워하며 회환의 눈물을 흘렸다.

그러던 어느 날 밖에서 이웃집 아이들이 노래하는 소리가 들려왔다. "집어서 읽어라, 집어서 읽어라." 어거스틴은 지금까지 그런 노래를 들어본 적이 없었다. 아이들이 무슨 놀이를 하기에 저런 노래를 부를까 하고 골똘히 생각해 보았다. 그러고 나서 그는 자리에서 일어나서 어거스틴은 바울 서신을 펼쳐 눈에 들어오는 부분을 읽었다. 그가 주목한 부분은 로마서 13장 13-14절 말씀이었다. "낮에와 같이 단정히 행하고 방탕하거나 술 취하지 말며 음란하거나 호색하지 말며 다투거나 시기하지 말고 오직 주 예수 그리스도로 옷 입고 정욕을 위하여 육신의 일을 도모하지 말라."

어거스틴은 그의 책 『참회록』에서 자신이 회심한 경험을 이렇게 말한다. "나는 더 읽고 싶지 않았고 그럴 필요도 없었다. 그 순간 내 가슴 속에서는 칠흑 같은 어둠이 걷히고 거룩한 기쁨이 넘쳐났기 때문이었다." 어거스틴은 즉시 어머니에게로 달려가서 그 감격을 털어놓았다. 그는 마침내 주님께 돌아가게 되었고, 세속의 어떤 욕망도 다시 찾지 않게 되었으며, 신앙 위에 굳건히 서게 되었다.[79]

30년 평생을 깊은 죄의식과 죄악의 공포 가운데 살았던 루터는 1513년 어느 가을날, 비텐베르그 아우구스티노 수도원 탑 속 서재에서 시편 22편을 읽고 있었다. "내 하나님이여 내 하나님이여 어찌 나를 버리셨나이까 어찌 나를 멀리 하여 돕지 아니하시오며 내 신음 소리를 듣지 아니하시나이까 내 하나님이여 내가 낮에도 부르짖고 밤에도 잠잠하지 아니하오나 응답하지 아니하시나이다"(시 22:1-2).

루터는 이 말씀을 읽으면서 자기 자신의 비참한 모습을 그려 보았다. 하지만 이 시편이 자기 자신을 묘사한 글이 아니라 그리스도를 묘사한 글이었다는 사실을 깨닫고 루터는 벼락 맞은 듯한 놀라움에 사로잡혔다. "하나님으로부터 끊어 버림을 받을 수밖에 없는 나 대신에 그리스도가 끊어 버림을 당했구나. 죄 없으신 그리스도가 나 대신 지옥의 심판과 저주와 고통을 당하셨구나."

루터 앞에 나타난 그리스도의 모습은 이제 더 이상 무서운 심판주가 아니라 사랑과 용서와 자비로 가득 찬 구주의 모습이었다. 하나님에 대한 이미지도 새로워졌는데 진노와 심판의 하나님이 자비와 사랑의 하나님으로 변했다.

루터는 '탑 속의 경험'이라는 이 복음주의적 체험을 통해 복음의 진수와 은혜가 무엇인지 깨달았다. 이후 루터는 로마서를 읽으면서 이신득의의 도리를 깨닫게 되었고, 성경을 구원과 은혜와 신앙생활의 유일한 기초로 삼게 되었다. 그리고 오직 성경, 오직 은혜, 오직 믿음의 세 가지 모토로 종교 개혁의 횃불을 높이 들었다.[80]

선교지에서 실패를 맛보고 영국으로 돌아온 웨슬리는 말할 수 없는 허탈 상태에 허덕였다. 이때 피터 볼러(Peter Bohler)가 웨슬리에게 의미심장한 말을 해 주었다. "믿음을 전하시오. 믿음을 얻을 때까지. 그리고 그 믿음을 얻은 다음에는 그 믿음을 전하시오."[81] 웨슬리는 다시 큰 확신으로 여러 교회를 돌아다니며 설교했다. 그러나 그가 가는 교회마다 설교를 마친 후에는 "이 교회에서는 다시 설교를 하지 마시오."라는 말을 들었다.

실망한 웨슬리는 여러 날 동안 우울해했고, 마음이 무거워서 책을 읽을 수 없었으며, 명상과 노래와 기도도 할 수 없었다. 그러나 때마침 볼러가 격려의 편지를 보내와서 그의 마음은 위안을 얻었다. 웨슬리는 볼러와 대화하면서 사도행전에 나오는 즉각적인 회심을 사모했는데, 마침내 1738년 런던시 올더스게이트(Aldersgate) 거리에서 열렸던 한 집회에 참석해 루터의 로마서 주석 서문을 들으면서 마음이 뜨거워지는 은혜를 체험하고, 교회 역사상 일찍이 보지 못했던 큰 부흥운동을 일으켰다.[82]

하나님의 말씀이 우리 심령에 다가올 때 우리의 마음은 뜨거워진다. 하나님은 예레미야에게 "내 말이 불 같지 아니하냐 바위를 쳐서 부스러뜨리는 방망이 같지 아니하냐."(렘 23:29)라고 물으셨다. 유다 백성들은 바벨론에게 항복을 종용하는 예레미야를 매국노로 취급하고, 그를 죽이려고 했다. 예레미야가 갖은 비난과 모진 수난 속에서도 굳건히 여호와의 심판 메시지를 전할 수 있었던 것은 그의 가슴을 뜨겁게 하고 그의 가슴을 두드리는 하나님의 말씀 때문이었다. 하나님의 말씀이 불같이, 바위를 쳐서 부스는 방망이같이 다가올 때 우리의 중심은 불붙는 것 같고, 골수에 사무쳐 견딜 수 없는 거룩한 가슴앓이를 하게 된다.

영국의 왕이 궁중 교회를 떠나 시골의 조그마한 교회를 찾아서 예배를 드리곤 했다. 그 이유는 궁중 목사가 왕의 비위를 맞추느라 하나님의 말씀은 전하지 않고 사람의 말을 전했기 때문이다. 왕은 시골 교회에 가서 죄인의 자리에 앉아 겸손히 말씀을 듣고 싶었던 것이다.[83]

사람의 비위를 맞추고 사람을 기쁘게 하려다 보면 하나님을 기쁘시게 할 수 없다. 목회자는 오직 하나님만 바라보고, 하나님만 의지하며, 하나님이 원하시는 말씀을 전해야 한다. 사람에게서 칭찬과 위로를 받으려 하면 안 된다. 오직 하나님의 칭찬을 기대하고, 말씀으로 위로를 받으며, 힘과 용기를 얻을 수 있어야 한다.

어느 선교사가 여러 해 동안 아프리카에 가서 많은 열정과 노력을 쏟았지만 선교의 열매를 거두지 못해 낙심하고 있었다. 그러던 어느 날, 설상가상으로 큰아들과 작은아들이 병에 걸려 시름시름 앓다가 이 세상을 떠났다. 두 아들을 잃은 충격에 부인도 얼마 지나지 않아 이 세상을 떠났다. 한꺼번에 두 아들과 부인을 잃은 선교사는 큰 슬픔에 빠졌다. 그는 '하나님은 왜 나에게 이런 큰 시련을 주실까? 나에게 이 선교가 무슨 유익이 있을까?'를 생각하다가 선교를 그만두기로 결심했다.

선교사는 모든 짐을 싸서 자신의 고향인 미국으로 가는 배를 탔다. 마침 그 배에는 휴가를 받아 아프리카에서 사냥을 하고 돌아오는 미국 대통령이 타고 있었다. 배가 샌프란시스코에 도착했을 때 수많은 사람들은 대통령을 맞이하기 위해 선착장에 나와 있었다. 군악대의 예포 소리와 함께 붉은 주단이 깔렸고 사람들은 환호성을 질렀다. 대통령이 선착장을 빠져나가자 군악대의 나팔소리는 멈췄고, 사람들도 모두 돌아갔다.

선교사는 홀로 외롭게 내려오면서 이런 생각을 했다. '휴가를 갔다 오는 대통령은 저렇게 큰 환영을 받는데, 선교를 하다가 두 아들과 부인을 잃고 돌아오는 나를 맞이하는 사람들은 아무도 없구나!' 그러고는 고독감과 실패감으로 정신없이 거리를 헤맸다.

그때 어디선가 한 음성이 들려왔다. "내 아들아! 너는 아직 고향으로 돌아오지 않았다. 네가 고향에 돌아오는 날에는 군악대의 나팔소리와는 비교도 안 되는 하늘의 천군 천사의 나팔소리와 함께 내가 직접 너를 맞이할 것이다. 붉은 주단이 문제가 아니라 황금길을 깔고 내가 너를 마중 나오마. 사랑하는 내 아들아! 끝까지 충성하라!" 이 음성을 들은 선교사는 그 자리에서 회개하고, 다시 아프리카로 돌아가서 마지막까지 충성을 다했다고 한다.

교회 개척은 무척 힘이 든다. 이것저것 포기해야 할 것이 많다. 피눈물 나는 고통을 감수해야 한다. 그렇다면 바울이 개척할 당시는 어떠했을까? 모든 것을 소유하고 언제나 풍요를 맛보면서 교회를 세웠을까? 바울은 빌립보서 4장 11-12절에서 "내가 궁핍하므로 말하는 것이 아니니라 어떠한 형편에든지 나는 자족하기를 배웠노니 나는 비천에 처할 줄도 알고 풍부에 처할 줄도 알아 모든 일 곧 배부름과 배고픔과 풍부와 궁핍에도 처할 줄 아는 일체의 비결을 배웠노라."고 고백했다.

개척을 하다 보면 인간적으로 자랑하며 의지하던 것을 하나씩 하나님 앞에 내려놓게 되고, 오직 주님만을 의지하게 된다. 속사람이 변화되면서 그동안 보지 못했던 것이 보이기 시작한다. 방법이 아니라 본질과 원리의 중요성을 깨닫게 된다. 개척이 힘들고 어려운 것은 사실이지만 바울이 고백한 대로 자족하기를 배울 수 있고, 모든 상황에 대처할 수 있는 비결을 배우는 기쁨이 있으므로 영적으로는 말로 다 할 수 없는 크나큰 복이라고 할 수 있다.

예수님은 하늘과 땅에 있는 모든 것의 주인이셨지만 호화로운 생활을 하지 않으셨고, 왕 중에 왕으로서 가장 큰 권세를 가지셨지만 사용하지 않으셨으며, 가장 존귀하고 높은 분이셨지만 철저하게 낮은 자리에서 겸손한 모습으로 섬기시다가, 마침내 생명까지 우리를 위해 내어 주셨다. 우리는 이러한 예수님만 의지하고, 예수님만 바라보며 달려가는 경주자가 되어야 한다.

낙심하고 좌절하여 엠마오로 내려가고 있다면 우리와 동행하시는 주님을 만나 다시 예루살렘으로 올라가야 한다. 우리가 가는 길, 가야 할 길, 예루살렘은 십자가가 있는 곳이다. 십자가를 지고 사명을 감당해야 할 자리이다. 그러나 더 이상 혼자가 아니다. 실망하여 예루살렘을 떠났던 두 제자가 다시 예루살렘으로 달려가 그들이 만났던 부활의 예수님을 전했던 것처럼 우리도 주님과 함께 뜨거운 가슴으로 다시 예루살렘을 향해 올라가야 한다.

목회의 기본은 낮아짐과 섬김이다

백인 미국 사람인 존 하워드 그리핀(John howard griffin)은 흑인들이 받는 멸시와 고통이 얼마나 심각한지를 몸소 체험해 보고자 자신을 흑인처럼 변장해 흑인 행세를 해 보기로 결심했다. 약품과 염료, 방사선을 이용해 자신의 피부를 검게 만들고 머리도 짧게 깎았다. 그런 다음 그는 남부로 여행을 떠났다. 하지만 그는 승차를 거부당했고, 식당에서 음식을 먹을 수 없었으며, 호텔에서 쫓겨나는 등 사람 취급을 받지 못했다.

1959년에 이 일이 알려지자 백인 사회는 존 하워드 그리핀을 매도했다. 심지어 그의 고향에서는 그의 모형을 불태우는 화형식까지 거행했다. 그러나 그는 이에 굴하지 않고, 1961년에 7주 동안 온갖 수모와 천대를 받았던 경험을 *Black Like Me*(나 같은 흑인)이라는 책으로 출간하여 미국 교회와 지성 사회를 부끄럽게 만들었다. 그러나 그에게 돌아온 대가는 혹독했다. 그는 자신의 피부를 검게 만드는 과정에서 사용했던 방사선의 영향으로 피부암을 앓았고, 결국 나이 60세에 죽고 말았다. 그는 백인으로 태어났지만 흑인이 되어 그들과 함께 고난을 받으며 그들의 행복을 위해 살다가 죽었다.

세상에서 가장 위대한 낮아짐은 성자 예수님의 성육신이다. 예수님이 친히 자신을 낮추시고 사람의 몸을 입으시며 이 세상에 오셨다. 예수님은 사람처럼 사시면서 온갖 수모를 겪으셨고 가장 비참한 십자가형을 받고 돌아가셨다. 사람이 되신 예수님은 십자가에서 자신을 내어 주심으로 우리의 죄와 저주를 속량하셨고, 우리를 하나님의 자녀로 살게 하셨다.

모든 그리스도인은 성육신의 마음으로 겸손히 낮은 자의 모습으로 살아야 한다. 특히 목회자는 이런 삶에 모범이 되어야 한다. 그러나 목회자는 낮은 자의 모습으로 살기 어렵다. 교인들이 주의 종이라고 섬기고 높여 주기 때문이다. 큰 교회일수록 목회자는 교인들에게 존경의 대상이 되어 더 많은 섬김을 받는다. 이 땅에서 섬김과 높임을 받으면 하나님 나라에서는 더 이상 받을 상이 없다. 이런 점에서 작은 교회 목회자는 복 있는 사람이다.

J 목사는 경기도 이천에서 첫 목회를 했다. 그는 첫 목회를 통해 목회는 사람에게 존경받고 대접받는 직업이 아니라는 사실을 몸소 체험했다. 그는 예수님과 제자들이 겪었던 배척과 수난을 겪었다. J 목사의 간증을 소개한다.

첫 목회지인 이천 안평성은교회는 잊을 수 없는 곳이다. 부임 첫 날, 목회를 시작한다는 들뜬 기분으로 동네 인사를 나갔는데 몇 사람이 나에게 욕을 했다. 그때는 교회에 적대적인 사람이겠거니 하고 단순하게 넘겼는데, 주일이 되어서야 그 심각성을 알게 되었다.

세 사람이 교회 정문에 서 있었고, 교회 문을 열고 들어가자 그들도 예배당 안으로 따라 들어왔다. 예배가 시작되자 그들은 의자를 흔들며 소리를 지르고 꽹과리를 울리며 예배를 방해했다. 우리 교인들은 몇 사람이 되지 않았는데 그들은 무서워 떨고 있었다. 나는 목회를 시작한 사람으로서 물러설 수 없었고, 그들이 방해하는 가운데서 예배를 드렸다.

그들은 전임자에 대한 불만과 자기 집 옆에 교회를 세웠으니 다른 곳에 자기 집을 새로 지어 달라는 무리한 부탁을 했고, 교회 위치가 동네의 복을 막는다는 불합리한 이유로 예배를 방해했다.

그들은 주일 예배, 수요 기도회, 새벽 기도회, 속회 예배 등 교인들이 모이는 장소라면 어디든지 따라와서 방해했고, 우리가 살고 있는 집 주인에게 찾아가 방을 빼라고 귀찮게도 했다. 시간이 흐르자 예배 시간에 강단에까지 올라와 멱살을 잡고 흔드는 바람에 상처가 생기기도 했고, 욕하는 일도 빈번해졌다.

그러나 신학교 시절의 시골 목회에 대한 강의가 기억에 떠올라 법적인 대응은 하지 않기로 했다. 내가 고소해서 이들이 감옥에 간다면 100가구 정도 되는 동네 사람들이 누구의 잘못을 가리기보다는 자기 동네 사람들의 입장에 설 것이고, 교회는 동네에서 따돌림을 당할 것이라는 생각이 들었기 때문이다.

그래서 참기로 했다. 그들이 때리면 나는 맞았다. 그런데 그러면서 오히려 그들이 불쌍하다는 생각이 들었고, '나는 이 정도의 고통에도 괴로운데 우리 주님은 얼마나 고통스러우셨을까?'라고 생각하니 내 고통은 아무 것도 아닌 것처럼 느껴졌다.

그리고 문제 해결을 위한 오직 한 가지 방법, 그것은 새벽 기도를 통해 하나님의 손길을 기다리는 것이었다. 지하실에서 새벽 기도를 할 때 밖에서 그들이 문을 돌로 막아 갇히기도 여러 번이었다.

하나님은 6개월 만에 이 문제를 해결해 주셨다. 새신자와 새로운 서장의 부임을 통해 이 문제는 자연스럽게 해결되었다. 이 일로 예배의 소중함을 알았다. 오늘 아무런 방해를 받지 않고 예배를 드릴 수 있다면 그것은 큰 복이다.

예수님의 삶은 베들레헴 구유 즉, 낮은 곳에서부터 시작되었다. 예수님의 공생애도 예루살렘이 아닌 사회적으로 소외되고 약자인 어부들이 사는 갈릴리에서 시작되었다. 따라서 우리 목회도 예수님처럼 낮은 자리에서 섬겨야 한다. 처음 부름을 받았을 때의 초심을 잃지 않고, 끝까지 예수님을 바라보며 그 뒤를 따라가야 한다.

예수님은 섬김을 받기 위해서가 아니라 섬기러 오셨다. 그리고 제자들에게 친히 섬기는 모습을 보여 주셨다. 그런데도 제자들은 서로 누가 높은 자리에 앉을 것인지 논쟁을 벌였다. 서로 발을 씻겨 주어야 할 상황에서 아무도 나서지 않았다. 이때 예수님은 제자들의 발을 씻겨 주시고 "내가 주와 또는 선생이 되어 너희 발을 씻었으니 너희도 서로 발을 씻어 주는 것이 옳으니라."(요 13:14)고 말씀하셨다. 하늘나라에서 큰 자는 세상에서 섬기는 자이다. 그렇기 때문에 예수님은 제자들이 이것을 평생 잊지 않도록 자신이 몸소 섬김의 모델이 되셨다. 이것이 예수님이 우리에게 보여 주신 종의 리더십이다. 그렇다면 우리는 기꺼이 낮아져서 섬김의 삶을 살아야 한다.

2014년 여름, 우리나라를 방문한 프란치스코 교황이 "한국에서 만든 가장 작은 차를 타겠다."라고 말했을 때 사람들은 무척 감동했다. 또한 그가 보여 주었던 낮은 곳을 향한 마음, 검소한 생활, 진심 어린 말 한마디는 교황의 지지도를 높였다. 예수님은 "누구든지 자기를 높이는 자는 낮아지고 누구든지 자기를 낮추는 자는 높아지리라."(마 23:12)고 말씀하셨다. 하나님은 교만한 자를 대적하시고 겸손한 자에게 은혜를 주신다. 우리가 낮아지면 하나님께서 우리를 높여 주신다(벧전 5:5-6).

영국에서 윌리엄 부스(William Booth)가 창설한 구세군이 알려지자 세계 도처의 남녀들이 구세군에 들어오기 시작했다. 한때 주교를 꿈꾸었던 한 남자가 구세군에 입대하기 위해 대서양을 가로질러 미국에서 영국으로 건너왔다. 그가 바로 사무엘 로간 브렝글(Samuel Logan Brengle)이다.

처음에 부스 사령관은 브렝글의 입대를 못마땅하게 생각했다. 부스는 그에게 "당신은 너무나 오랫동안 보스로 군림해 왔소."라고 말하면서 그에게 겸손을 가르치기 위해 다른 훈련병의 군화를 닦는 일을 시켰다. 브렝글은 실망하면서 "내가 기껏 군화나 닦기 위해 대서양을 건너왔단 말인가?"라고 중얼거렸다. 그때 환상 중에 거칠고 무식한 어부들의 더러운 발을 씻기려고 엎드려 있는 예수님을 보았다. "예수님! 당신은 그들의 발을 씻기셨군요. 그렇다면 이제 나는 저들의 구두를 닦겠습니다."라고 속삭였다. 그 후 그는 즐거운 마음으로 더러운 군화를 닦았고, 섬김의 도를 실천하며 살았다. 그는 후에 최초의 미국 구세군 감독관이 되었다.

섬김의 의미는 현대 사회의 힘의 논리(Power games)를 부정하는 것을 의미한다. 섬김은 하나님의 방법대로 순종하는 것이다. 섬김은 같은 마음을 품어 주는 것이다. 영성 신학자 리처드 포스터(Richard J. Foster)는 『돈 섹스 권력』에서 같은 마음을 품는 섬김의 의미를 이렇게 설명한다.

같은 마음을 갖게 되면 우리는 다른 모든 사람에게 관심을 갖게 된다. 동정의 마음을 품고 연약한 자와 더불어 연약하게 되고, 상처받기 쉬운 자와 더불어 상처를 나누며, 힘없는 자와 더불어 힘없게 되는 것이 필요하다.[84]

런던 동부에서 38년간 목회하던 감리교 목사 렉스는 어느 날 한 노인이 몹시 아프다는 이야기를 듣고 그를 찾아갔다. 그러나 그 노인은 고개를 돌린 채 말 한마디도 하지 않았다. 대화를 나누려 애쓰던 렉스 목사는 난방이 되지 않는 방에 음식이 바닥 나 있는 것을 보았다. 그 집을 나선 렉스 목사는 양고기 두덩이를 그 집에 배달시켰다. 며칠 후 렉스 목사는 또 그 집을 방문했다. 노인은 전보다는 조금 다정해진 모습이었다. 집으로 돌아가던 렉스 목사는 또다시 양고기를 주문했다. 세 번째 심방을 했을 때, 그 노인의 마음은 많이 누그러져 있었고, 렉스 목사는 노인과 함께 기도할 수 있었다.

그 후 설교 부탁을 받아 며칠 동안 런던을 떠나 있다 돌아온 렉스 목사는 그 노인이 죽었다는 사실을 알게 되었고 그 노인이 마지막 순간에 이런 말을 했다는 것을 듣게 되었다. "렉스 목사님에게 전해 주시오. 이제 나는 곧 하나님께 돌아갑니다. 이처럼 나를 변화시킨 것은 목사님의 설교가 아니라 목사님께서 나를 위해 사 주셨던 양고기였다는 사실입니다!"[85]

진정한 섬김은 말로 하는 것이 아니라 같은 마음을 품고, 더불어 연약해지며, 상처를 나누고, 몸으로 표현하며, 행동으로 나타내는 것이다. 로날드 사이더(Ronald J. Sider)는 『이것이 진정한 기독교다』에서 섬김의 영향력을 이렇게 주장한다.

> 오늘날 교회가 예수님이 보여 주신 겸손한 섬김의 자세를 회복한다면 어떤 일이 일어날까? … 종으로 오신 왕을 진정으로 따르겠다는 담대한 그리스도인이 상당수에 이른다면 어떻게 될까? 답은 명확하다. 세상은 멈춰서 우리를 바라볼 것이다. 그리고 변화될 것이다.[86]

우리는 로날드 사이더의 생각에 동의한다. 물론 섬긴다고 해서 항상 좋은 결과만 있는 것은 아니다. 열심히 섬기고도 인정 받지 못하고 오해를 받기도 하며, 때로는 욕을 먹기도 한다. 그렇지만 우리는 섬겨야 한다. 섬김은 내가 낮아지고, 내가 죽는 것이다. 내가 낮아지고 죽지 않고서는 절대로 섬길 수 없다. 우리는 섬김을 실천하기 위해 날마다 낮아지고 죽어져야 한다. 여기서 우리는 자칫 자기 연민에 빠질 수 있다. 이 감정은 우리가 예수 그리스도의 헌신적 사랑의 정신 즉, 남을 나보다 낮게 여기는 겸손의 정신이 있을 때 극복할 수 있다.

속담에 "한 부모는 열 자식을 거느려도 열 자식은 한 부모를 못 거느린다."라는 말이 있다. 왜 그럴까? 부모는 사랑으로 자녀를 대하고 자식은 의무감으로 부모를 섬기려 하기 때문이다. 섬김은 사랑 없이는 불가능하다. 부모가 온갖 수고를 다해 자녀를 키우고 뒷바라지하는 일은 사실 종노릇과 다를 바 없다. 그러나 어느 부모도 자녀에게 종노릇한다고 생각하지 않는다. 자녀를 사랑하기 때문이다. 사랑하는 마음이 있으면 기꺼이 섬길 수 있다. 그렇기 때문에 바울은 우리에게 "오직 사랑으로 서로 종노릇하라."(갈 5:13)고 한 것이다.

겨울 철새 기러기는 ㅅ자 대형으로 무리지어 이동한다고 한다. 과학자들이 그 이유를 밝혀 내기를 ㅅ자 대형으로 가면 수천 킬로미터를 이동하는 데 필요한 에너지를 절약할 수 있기 때문이라고 한다. 선두에 선 기러기가 대기의 저항을 가르며 날게 되면 뒤따르는 기러기들에게 양력이 작용한다. 이런 원리로 기러기들은 혼자서 날 수 있는 거리보다 71%를 더 날 수 있다고 한다. 가장 힘이 좋은 기러기가 선두에서 무리를 이끄는데 만약 그 기러기가 힘이 빠지면 또 다른 기러기가 선두를 치고 나간다. 힘든 일을 해 내기 위해 일을 서로 분담하는 것이다.[87]

사람들은 선두에 서는 것을 좋아한다. 그러나 선두에 선다는 것은 가장 힘들고 어려운 일에 앞장선다는 것을 의미한다. 교회에서 직분을 맡는다는 것은 큰소리치거나 상석에 앉는다는 말이 아니다. 힘들고 어려운 일에 가장 많이 앞장선다는 의미이다. 목회자를 비롯해서 교회의 모든 직분은 섬기기 위한 기능직이다.

우리가 목회자의 생활을 오래 하다 보면 자신도 모르게 특권과 지위와 다른 사람의 존경을 받는 것을 당연한 것처럼 여긴다. 하지만 그것은 예수님을 따르는 자의 모습이 아니다. 목회자들은 낮은 자리로, 그리고 섬김에로의 부름을 받았다. 목회의 기본은 낮아짐과 섬김이다. 목회자들이 앞장서서 겸손히 낮아져 섬김으로써 삶의 모범을 보여야 한다. 그럴 때 교회는 제자리를 찾고 본연의 모습을 회복하며, 다시 신뢰와 존경을 받는 교회가 될 수 있다.

CHAPTER 3

우리가
서로 사랑하자

교회는 세상과 달라야 한다

교회는 거룩해야 한다. 거룩은 구별됨이다. 바울은 "너희는 이 세대를 본받지 말라."(롬 12:2)고 했다. 교회는 세상과 달라야 한다. 가치관이 다르고, 삶의 방식이 달라야 한다. 성경의 진리가 역설적이기 때문이다. 성경은 우리에게 주는 자가 되라 하고, 양보하라 하고, 낮아지라 하고, 섬기라고 말씀한다. 그런데 오늘날 교회에서 나타나는 모습은 우리 사회와 너무나도 유사하다. 대기업과 중소기업과의 불공정한 관계가 큰 교회와 작은 교회와의 관계에서, 우리 사회의 부익부 빈익빈 현상이 교회 안에서도 그대로 나타난다. 더 이상 우리 사회의 모순이 교회 내에서 재현되어는 안 된다.

그동안 우리는 너무 세속적인 가치에 충실해 왔다. 세상이 추구하는 것을 교회도 추구하면서 이에 뒤질 새라 안달 내고 있다. 세상이 "잘 살아 보자."라고 외칠 때 교회는 "바르게 살자."라고 외쳤어야 했다. 세상이 새로운 것을 추구했을 때 교회는 본질을 추구했어야 했다. 시대에 뒤쳐진다는 말을 들을지라도 교회는 본질을 놓쳐서는 안 된다.

예수님은 오른뺨을 때리면 왼뺨도 돌리라 하시고, 속옷을 달라 하면 겉옷까지 주며, 5리를 가자고 하면 10리까지 동행하라고 하신다. 달라고 하면 주라고 하신다. 이것은 한마디로 바보같이 살라는 것이다. 성도들은 성경대로 살면 손해를 보며 살 수밖에 없다고 생각한다. 그래서 교회 밖으로 나오면 성경 말씀을 외면한다.

그러나 하나님은 우리가 바보처럼 살기를 원하신다. 하나님은 바보 중의 바보셨다. 하나님은 이스라엘을 선택하실 때 그들이 수가 가장 적은 민족이라는 이유로 선택하셨다(신 7:7). 그 외에는 다른 이유가 없었다. 이 얼마나 바보스러운 일인가? 영적 감수성에서 볼 때 유대인은 비유대인을 능가하지 못한 경우가 많았다. 신앙적으로도 로마 사람인 가버나움의 백부장을 능가하지 못했다. 사랑에 있어서도 동정 많은 사마리아인을 능가하지 못했다. 참된 지혜를 추구하는 노력에서도 에디오피아 여왕을 능가하지 못했다. 회개하는 면에서도 니느웨 사람을 능가하지 못했다.[88]

그렇다면 하나님은 왜 이스라엘을 선택하셨을까? 바울은 그 이유에 대해 아무 육체라도 하나님 앞에서 자랑하지 못하게 하고(고전 1:29), 자랑하는 자는 주 안에서 자랑하도록 하기 위함이었다(고전 1:31)고 말한다. 이것이 하나님께서 선택하신 원리이다.

어떤 예술 작품들이 같은 수준의 높은 미적 기준에 달했을 때 재료가 좋아서 좋은 예술품이 나오는 경우도 있지만 그렇지 못해도 좋은 예술품이 나오는 경우가 있다. 재료가 나쁘면 나쁠수록 그런 재료로 예술품을 만든 사람의 명예는 더욱 높아진다. 전쟁에서 큰 승리를 거두었을 때도 그렇다. 군대의 규모가 작으면 작을수록 그런 군대로 대승을 거둔 승리자의 영예는 더욱 커진다.

그렇기 때문에 하나님은 그 많은 우주의 별들 가운데 이 조그마한 지구를 택하시고, 그 지구 가운데서도 가나안의 조그만 땅을 택하시며, 그 땅 가운데의 여러 민족 중에 가장 수가 적은 민족인 이스라엘을 택하셨다. 그리고 이스라엘 가운데서 너무나 작아서 유다 족속 중에서 무시당하고 있는 베들레헴을 택하시고, 또 그 베들레헴 안에서도 구유를 택하셨다.[89] 이것이 바보스러운 하나님의 방법이다.

그런데 오늘날 교회는 너무 똑똑하다. 교회가 시장 조사를 하고, 돈 계산에 밝으며, 숫자에 민감하고, 어떤 일이든 철저하게 계산적으로 행한다면 과연 믿음과 기도가 설 자리는 어디에 있을까? 바울은 성도들에게 세상 법정에 송사하지 말라고 한다. "너희가 피차 고발함으로 너희 가운데 이미 뚜렷한 허물이 있나니 차라리 불의를 당하는 것이 낫지 아니하며 차라리 속는 것이 낫지 아니하냐"(고전 6:7). 모든 것을 알면서 당하고 속는 것은 바보가 아니다. 이제는 바보 취급을 받고, 손해를 당할지언정 성경적 가치관으로 살자.

바보로 살았던 한 사람이 생각난다. 한국의 슈바이처로 불리는 의사 장기려 박사이다. 일제강점기와 6 · 25 전쟁 그리고 분단의 아픔을 겪으면서도 그는 악해지고 잔인해지며 이기적으로 변해 가는 모든 사람과 다른 길을 걸었다. 환자를 살리기 위해 자신의 피를 뽑고, 돈이 없는 환자를 위해 병원 뒷문을 몰래 열어 주며, 북쪽에 있는 아내를 위해 40년 동안 청혼도 만남도 거절하고 의사로서 오로지 환자의 치료만을 위해 살았다.

그러던 어느 해 정월 초하루 아침이었다. 장기려 박사의 집에 머물고 있던 제자 손동길이 아침 일찍 일어나 장 박사에게 세배를 드렸는데 장 박사가 덕담으로 이런 말을 했다고 한다. "금년에는 날 닮아서 살아보게." 그 말에 가슴 울리는 감동을 받았지만 손동길은 모른 척 웃으며 대답했다. "선생님을 닮아 살면 바보되게요." 제자의 어리광 섞인 말에 장 박사는 껄껄 웃으며 "바보 소리 들으면 성공한 거야. 바보로 살기가 얼마나 어려운 줄 알아?"라고 말했다.

성도들에게는 "하나님께 영광"이라는 삶의 목표가 있다. 그러면 우리는 어떻게 해야 하나님께 영광을 돌릴 수 있을까? 우리가 거룩하고 온전한 삶을 살 때 세상은 하나님의 거룩을 조금이나마 맛보게 된다. 다른 사람에게 하나님의 성품을 정확히 대변하는 것이 하나님께 영광을 돌리는 삶이다. 우리도 이제는 내 것을 양보하고, 때로는 손해도 보면서 살아야 한다. 그래야만 세상 사람들에게 우리가 믿는 하나님이 어떤 분이신지 보여 줄 수 있다.

예수님은 교회가 세상과 구별되지 못할 때 일어나는 결과에 대해 "너희는 세상의 소금이니 소금이 만일 그 맛을 잃으면 무엇으로 짜게 하리요 후에는 아무 쓸 데 없어 다만 밖에 버려져 사람에게 밟힐 뿐이니라."(마 5:13)고 말씀하셨다. 지금 우리는 이 말씀이 실감 나는 시대에 살고 있다.

2015년 1월 28일, 한국갤럽에서 1984년부터 2014년까지 30년간 한국인들의 종교와 종교 의식의 변화를 비교한 "한국인의 종교 실태" 조사 결과를 발표했다. 2014년 현재 한국인 종교 분포는 불교 22%, 개신교 21%, 천주교 7%로 불교 신자가 가장 많았다. 3대 종교 중 비신자가 가장 선호하는 종교는 불교였고, 가장 선호하지 않는 종교는 개신교였다. 2004년 조사에서는 불교 37%, 천주교 17%, 개신교 12%였고, 2014년에는 불교 25%, 천주교 18%, 개신교 10%였다.[90]

우리는 한국 교회가 사회에서 외면당하는 것을 가볍게 생각해서는 안 된다. 한국인은 어느 특정 종교를 선호하지 않기 때문에 종교 이동이 일어날 수 있다. 한국인의 특징 가운데 하나는 종교를 자유롭게 선택할 수 있다는 점이다. 한국이 다종교(多宗敎)가 된 것은 샤머니즘을 숭배하다가 불교를 받아들이고, 불교가 부패하자 유교를 받아들이고, 유교가 생명력을 잃자 기독교를 적극적으로 받아들였기 때문이다. 그 결과 한국 사회에는 다양한 종교가 존재한다. 한국인이 종교를 선택하는 이유를 살펴보면 어떤 특정 종교에 관심이 있다기보다는 현재 개인과 사회와 호흡할 수 있는 종교를 원하고 있다는 것을 알 수 있다. 따라서 한국 사회에서는 어떤 종교이든지 사람들에게 호응을 얻지 못하면 외면당하고, 반대로 바른 모습을 보여 주면 관심을 끌게 되어 있다.[91]

우리나라뿐만 아니라 미국도 기독교 교세가 줄어들고 있다. 우리는 미국 교회의 상황을 타산지석으로 삼아 예의 주시할 필요가 있다. 로버트 핑크라는 학자가 이 문제를 조사하고 연구하여 그 원인을 밝혀 냈는데, 그의 연구 결과에 따르면 교회가 교인들에게 너무 적은 것을 요구했기 때문이라고 했다. 다시 말하면 기독교 교인이 세상에 나가 너무 이질감을 주지 않으려고 애를 썼다는 것이다.

교회에 신사적인 이미지를 심으면 세상 사람들이 교회에 매력을 느끼고 찾아올 것이라고 생각하지만 그 결과는 정반대였다. 교회가 교인들에게 너무 적은 것을 요구하자 교인들은 세상 사람들과 비슷해졌고, 교회에 매력을 느끼지 못한 세상 사람들은 교회에 찾아오지 않게 되었다. 반면에 1990년 이후에 괄목할 만한 성장을 보인 500개 교회를 표본 조사해서 연구했는데, 쇠퇴기를 맞아 교인들이 감소하고 있는 미국 교회의 현실에도 꾸준하게 성장한 교회의 특징은 교회가 성도에게 많은 것을 요구했다는 점이다. 교회가 교인들을 교인답게 살도록 강하게 훈련시켰더니 거부 반응이 나타날 것이라는 걱정과는 달리 오히려 교회가 강해졌다는 것이다. 그 강해진

교회는 세상 사람들을 감동시켰고, 그들이 교회에 나오면서 자연히 교회가 부흥했다.[92]

이것은 최초의 교회인 예루살렘 교회가 보여 준 모습이기도 하다. "하나님을 찬미하며 또 온 백성에게 칭송을 받으니 주께서 구원 받는 사람을 날마다 더하게 하시니라"(행 2:47). 교회는 세상과 다를 때 힘이 생기고, 하나님을 기쁘시게 하며, 진정한 부흥을 경험한다.

단기간에 교회 성장을 이루려 하다 보면 마음이 조급해지고, 돈에 휘둘림당하여 맘몬에게 무릎을 꿇게 되며, 정도에서 벗어나 마귀의 먹잇감이 되는 교회로 전락하기 쉽다.

교회가 세상과 다른 점이 있다면 그것은 무엇일까? 그리스도 안에서의 하나 됨, 즉 공동체성이다. 교회는 그리스도의 머리를 중심으로 모두 하나로 연결되어 있다. 바울은 몸의 비유로써 교회의 공동체성을 강조한다. "만일 한 지체가 고통을 받으면 모든 지체가 함께 고통을 받고 한 지체가 영광을 얻으면 모든 지체가 함께 즐거워하느니라 너희는 그리스도의 몸이요 지체의 각 부분이라"(고전 12:26-27). 손을 다치면 손만 불편한 것이 아니라 온 몸이 불편하다. 마찬가지로 한국 교회는 서로가 그리스도의 몸의 각 부분이라는 지체 의식으로 미자립 개척 교회와 고통을 함께 해야 한다.

유대인이 쓴 탈무드에 이런 설문이 있다. "만약 갓난아이가 두 개의 머리를 가지고 태어났다면, 이 갓난아기는 두 사람으로서 가르쳐야 하는가? 아니면 한 사람으로서 가르쳐야 하는가?" 탈무드의 답은 명백하다. 한쪽 머리에 뜨거운 물을 부어 다른 머리가 비명을 지르면 한 사람이고, 다른 머리가 만약 시원한 얼굴을 하고 있으면 두 사람인 셈이 된다. 유대인이 어떠한 민족인지를 말할 때 이 이야기가 응용된다. 즉 이스라엘에 있는 유대인이 박해를 받거나 러시아에 있는 유대인이 박해를 받았다는 이야기를 듣고 자기가 그 고통을 느끼고 비명을 지른다면, 그 사람은 유대인인 것이고 만약 비명을 지르지 않았다고 한다면 유대인이 아닌 것이다.[93]

여기서 우리가 유대인에게 배워야 할 것은 끈끈한 공동체 의식이다. 교회는 그리스도의 피로 우리가 한 형제와 자매가 되어 이 땅에 하나님의 뜻을 이루기 위해 예수님의 고난을 함께 채워 가고 희생하며 영생을 함께하는 신앙 공동체이다. 그렇다면 오늘날 한국 교회가 안고 있는 공동체성 부재의 원인은 무엇일까? 무엇보다도 개교회주의를 꼽을 수 있다. 개교회주의, 즉 교회의 이기주의는 자연히 경쟁을 유발한다. 목회 현장은 생각보다 경쟁이 심하다. 목회 현장에 뛰어들면 경쟁의 심각성을 몸으로 느낄 수 있다. 의식이 있는 목회자라면 개교회주의로 나타난 폐해를 잘 알고 있을 것이다. 중대형 교회는 경쟁적인 자체 확장을 자제하고, 이웃의 미자립 개척 교회를 배려해야 한다.

교회와 세상의 차이점은 공동체성에 있다. 따라서 교회는 규모와 상관없이 서로 한 몸으로 이해하고, 경쟁 관계가 아닌 협력 관계로 나아가야 한다. 큰 교회이든 작은 교회이든 한 몸의 지체로서 함께 아파해야 할 운명 공동체이다. 큰 교회는 부족한 것이 없다고 생각하기 때문에 근본적으로 협력하는 것이 어렵다. 그러나 지금 우리는 총체적인 어려움에 직면했기 때문에 모든 교회가 한마음으로 함께해야 한다.

바울은 교회가 하나 될 것을 강력하게 요청한다. "평안의 매는 줄로 성령이 하나 되게 하신 것을 힘써 지키라 몸이 하나요 성령도 한 분이시니 이와 같이 너희가 부르심의 한 소망 안에서 부르심을 받았느니라 주도 한 분이시요 믿음도 하나요 세례도 하나요 하나님도 한 분이시니 곧 만유의 아버지시라 만유 위에 계시고 만유를 통일하시고 만유 가운데 계시도다"(엡 4:3-6). 교회는 연합과 하나 됨을 위해서 더 힘을 쏟아야 한다.

서로 배려하고 존중하자

　최근 몇 년 동안 한국 교회의 교인 수가 줄어들고 있다는 안타까운 소식이 들려오고 있다. 소득 1만 달러 시대인 2000년부터는 교인 수가 1만 5천 명 이상씩 줄고, 2만 달러를 육박하는 2005년부터는 매년 3만 명 이상씩 감소하는 추세이다.[94] 그런데 대형 교회는 규모가 더 커지는 기이한 현상이 일어나고 있다. 왜 그럴까? 그것은 바로 수평 이동 때문이다. 이로 인해 한국 교회의 양극화 현상이 심화되고 있다. 대형 교회는 더 커지고 있고 작은 교회는 더 작아지고 있다. 그렇다면 어떻게 이 문제를 해결할 수 있을까?

　마르틴 루터 킹 목사는 "나에게는 꿈이 있습니다"라는 연설에서 "어린 흑인 소녀들이 어린 백인 소녀들과 함께 손을 잡고, 형제자매처럼 함께 거닐게 되었으면 하는 꿈이 있습니다."라고 외쳤다. 그가 한 연설을 들으며 백만 명이 넘는 군중은 소리 내어 울었다.

2008년 말, 미국 대통령 선거에서 버락 오바마(Barack Hussein Obama)가 흑인이라는 약점을 딛고 44대 대통령으로 당선되었다. 기존의 인종주의로는 기대하기 어려운 결과였다. 3억 인구의 75%가 백인이요, 흑인은 13%밖에 안 되는 미국에서 흑인 대통령이 등장했다는 것은 참으로 기적과 같은 일이었다. 미국의 노예 폐지 선언 이후 143년 만이고, 흑인 해방의 기수인 마르틴 루터 킹 목사가 흑인과 백인이 손에 손을 잡고 복되게 살고 싶은 꿈을 꾼 지 45년 만의 일이다.

오바마는 백인 어머니와 자신의 영적 지도자 흑인 목사를 인정했을 때 백인과 흑인 모두에게 공격받을 수 있는 상황에서 흑인을 향해서는 자신의 어머니를 인정하고 백인을 향해서는 자신의 영적 지도자를 인정했기에 대통령으로 당선될 수 있었다. 그는 이러한 자신의 혼종성(昏鐘性, hybridity)과 부족함을 인정하면서 서로의 약점을 보완하여 더 완전을 향해 나아가자고 했다. 그는 공화당과 민주당, 진보와 보수 간의 대립과 이원론적 사고보다는 화해와 다원성을 추구해 갔다.[95]

하지만 우리의 현실을 보면 이원론적이다. 큰 교회는 성공한 교회이고, 작은 교회는 실패한 교회로 간주된다. 큰 교회는 옳고 작은 교회는 틀렸다고 생각한다. 큰 교회는 은근히 작은 교회를 무시한다. 작은 교회가 성장하지 못하는 이유를 작은 교회 목회자의 자질 부족과 게으름으로 돌리며, 사회 현상과 구조적인 문제에는 관심을 갖지 않는다. 도시의 대형 교회 등장이 산업화 시대의 농촌 붕괴를 떠나서는 설명이 안 되는 구조적인 현상임에도, 마치 목회자의 크기가 교회의 크기와 같은 것처럼 여겨진다. "교회는 목회자의 수준만큼 성장한다."라는 말은 매우 위험한 말이며, 작은 교회 목회자를 전혀 배려하지 않는 무례한 말이다.

한편 작은 교회는 큰 교회에 대한 피해 의식 때문에 거부감을 느낀다. 대형 마트가 들어서면 동네의 작은 슈퍼마켓이 모조리 문을 닫게 되는 것과 마찬가지로 대형 교회가 한 지역에 들어서면 성도들이 몰려 가면서 주변의 작은 교회는 문을 닫는다. 대형 교회는 작은 교회의 생존을 위협하는 공포의 대상이다. 자기 교회 앞에서 교인들을 태워 가는 대형 교회의 버스를 보며, 작은 교회 목회자의 가슴은 멍들 수밖에 없다. 배려와 존중이 아쉬운 현실이다.

결핵과 만성 척추염으로 내일을 알 수 없는 나날을 보내던 홋다 아야코라는 여성이 있었다. 그녀는 요양원에서 어릴 때 헤어진 친구 마에가와 다다시를 다시 만났다. 아야코는 마에가와 다다시의 전도로 기독교인이 되지만 친구는 병을 이기지 못하고 하늘나라로 간다. 그녀는 슬픔에 잠겨 1년 동안 집에서 두문불출하다가 33살 때 미우라라는 한 남자를 만나게 된다. 홋다 아야코는 미우라의 관심과 사랑에 힘입어 병을 떨치고 일어나 1959년 37세의 나이에 2년 연하의 미우라 미쓰요와 결혼하게 된다.

미우라는 배려를 참 잘하는 사람이었다. 아야코의 병이 완치되기까지 만 5년 동안 친지가 권하는 아름답고 젊은 신붓감과 자신에게 직접 사랑을 고백했던 여성을 거절하고 병상에 누워 있는 아야코를 끝까지 기다려 주었다. 또한 결혼식을 마쳤는데도 그들은 신혼여행을 떠나지 않았다. 몸이 약한 아내가 결혼식에 이어 곧바로 여행하는 것이 무리라고 생각했기 때문이다. 그들은 신혼집에서 첫날밤을 보냈다. 그리고 그 첫날밤에 미우라는 기도를 마치고 "피곤할 테니 오늘은 조용히 쉬도록 하지."라며 부드럽게 위로해 주면서 아내의 몸에 손 한번 대지 않고 자기 자리로 갔다.[96]

아야코 여사가 크리스천 작가로 이름이 알려지기 전, 그는 남편이 벌어오는 돈만으로는 생활이 어려웠다. 그래서 생활에 도움이 되고 손님들에게 그리스도의 사랑을 전해 보겠다는 마음으로 조그마한 잡화점을 차렸다. 그런데 가게가 너무 잘돼서 트럭으로 물건을 들여와야 할 정도였다.

그러던 어느 날, 미우라는 아야코에게 우리 가게로 들여오는 물건의 양을 줄이라고 했다. 그리고 이렇게 말했다. "저쪽 가게 사장님은 자녀들이 많아서 돈을 많이 벌어야 해. 우리 가게야 망해도 아야코 혼자니까 내 월급만으로도 살 수 있잖아." 남편이 한 말의 핵심은 저 가게에 손님을 양보하라는 것이었다. 아야코는 처음에는 남편의 말을 듣고 어이가 없었다. 왜냐하면 이웃 잡화점은 아야코 가게의 경쟁자였기 때문이다. 그러나 아야코는 지금까지 미처 생각하지 못한 것을 깨달았다. 미우라는 "네 이웃을 사랑하라", "네 원수를 사랑하라"는 성경 말씀을 현실에 적용했던 것이다. 그때부터 주류(酒類)와 같은 물건은 들여놓지 않고, 손님이 그 물건을 찾으면 다른 가게로 안내했다.

손님이 줄어들자 아야코는 시간이 많이 남았다. 그녀는 틈틈이 글을 쓰기 시작했는데 이때 쓴 소설이 바로 『빙점』이다. 이 소설은 1964년 일본 아사히신문에서 주최한 "1천만 엔 현상 소설 공모"에 당선됨으로써 당시 일본 문단에 열풍을 불러일으켰다. 하나님은 그에게 이런 방법으로 갚아 주셨다.[97]

배려는 곧 사랑의 시작이다. 배려가 있는 곳이 천국이고, 배려가 있는 곳에 행복이 있다. 누구보다도 앞장서서 배려하고 사랑하는 모습을 보여 주어야 할 목회자들이 서로 돕는 동료가 아니라 경쟁의 대상이 되었다. 사업이라면 모르겠지만 하나님의 사랑을 전하고 실천하는 목회 현장에서 왜 경쟁하는 일이 일어날까? 루이스(C. S. Lewis)는 『순전한 기독교』(Mere Christianity)라는 책에서 그 이유를 교만 때문이라고 말한다.

> 교만은 본성상 경쟁적이다. 그래서 한없이 욕심을 내는 것이다. 교만한 사람은 자기보다 힘 있고 똑똑한 사람이 전 세계에 단 한 명만 있어도 경쟁자로 여기고 적으로 여긴다.[98]

사탄이 하나님과 같이 되려다가 하늘에서 쫓겨난 것은 그가 하나님과 경쟁했기 때문이다. 사탄은 에덴동산에서 하나님이 금하신 선악과를 따먹도록 여자를 유혹할 때도 "너희가 그것을 먹는 날에는 너희 눈이 밝아져 하나님과 같이 되어 선악을 알 줄 하나님이 아심이니라."(창 3:5)고 경쟁심을 자극했다. 우리는 경쟁이 얼마나 위험한 것인지 알아야 한다.

어느 사냥꾼이 독수리를 잡으려고 화살을 겨누고 있었다. 그런데 이 독수리는 자신이 죽는 줄도 모르고 어딘가를 노려보고 있었다. 자세히 보았더니 독수리는 뱀을 잡아먹으려고 뱀을 노려보고 있었다. 사냥꾼은 또 뱀을 쳐다보았다. 그런데 뱀도 어딘가를 노려보고 있었는데, 뱀은 개구리를 잡아먹으려고 꼼짝 하지 않고 개구리를 노려보았다. 또 개구리도 마찬가지로 꿈쩍하지 않고 뭔가를 보고 있었는데, 개구리는 무당벌레를 잡아먹으려고 무당벌레를 노려보고 있었다. 사냥꾼은 그 먹이 사슬을 보다가 슬그머니 활을 내려놓았다. 그리고 자신의 뒤를 돌아보았다. 혹시 자신을 잡아먹으려고 노려보는 것이 없는지 살핀 것이다.

목회 현장에도 살벌한 약육강식과 적자생존의 법칙이 작동한다. 일산에서 큰 교회를 담임하고 있는 J 목사는 "한국 교회는 교회가 교회를 잡아먹는 구조"라고 솔직하게 말한다. 그는 목회자 세미나에서 강연한 후 질의응답 시간에 작은 교회 목회자에게 "우리는 이단보다 큰 교회가 더 무섭다."라는 말을 듣고 충격을 받았다고 한다.[99] 작은 교회가 큰 교회의 먹잇감이라면, 이 얼마나 비극적인 일인가? 큰 교회는 지역의 작은 교회를 위해 위성 예배, 교회버스 운행, 기도처 운영을 최대한 자제해야 한다. 더 이상 작은 교회의 고통을 강 건너 불 보듯 해서는 안 된다. 작은 교회를 외면하는 것은 한 몸에 대한 인식이 부족하고 긍휼이 없기 때문이다.

밀림에서 두 소년이 야영을 하고 있었다. 두 소년은 신비로움에 빠져 밀림 깊숙이 들어가다가 굶주린 호랑이를 만났다. 먹이를 노리고 접근하는 호랑이를 앞에 두고 한 소년이 운동화 끈을 고쳐 맸다. 그 모습을 지켜보던 친구가 물었다. "운동화 끈을 고쳐 맨다고 우리가 호랑이보다 빨리 달릴 수 있을 거라고 생각하니?" 그러나 끈을 다 맨 소년이 말했다. "호랑이보다 빨리 뛸 필요는 없어. 너보다 빨리 뛸 수 있으면 돼."

왜 이 이야기가 현실처럼 느껴질까? 남이야 어찌되든 나만 살겠다는 개인주의, 다른 교회야 어찌되든 우리 교회만 키우겠다는 개교회주의, 다른 교단은 어찌되든 우리 교단만 최고로 만들겠다는 개교단주의를 하나님은 어떻게 바라보실까? 한국 교회의 현실을 바라보면 두려운 마음이 든다. 한국 교회가 건강해질 수 있는 길은 큰 교회와 작은 교회가 함께 어울리는 것이다. 한국 교회의 건강은 미래적으로 미자립 개척 교회들이 세워지는 데 있다.

대기업이 불법적으로 하는 횡포에 중소기업이 줄도산하는 일은 어제 오늘의 일이 아니다. 슈퍼 갑인 대기업의 횡포가 도마 위에 올라 있는 가운데 최근에 고양시 일산 시장 인근에 있는 모 대형마트는 전통시장과 상생하기 위해 과일, 채소, 수산물 판매를 중단했다. 그리고 "상생 스토어"라는 이름을 내걸었다.[100] 얼마나 아름다운 일인가? 이런 식으로 대기업이 조금씩 양보하고 배려한다면 우리나라 중소기업에도 희망이 있다.

그렇다면 큰 교회와 작은 교회는 어떻게 상생할 수 있을까? 큰 교회는 작은 교회의 존립을 위해 양보하고 배려할 수 있어야 한다. 우리는 큰 교회가 해결자로 나서 주기를 희망한다. 그들이 생각을 바꾸고 마음만 먹으면 할 수 있다고 믿는다. 오늘날 미자립 교회의 현실적인 문제는 목회자의 생활이다. 이 문제가 해결되지 않으면 목회에 전념하기 어렵다. 최소한의 생활비는 보장되어야 한다. 한 달에 얼마씩 재정을 지원해 주는 것만으로는 부족하다. 그것보다는 근본적인 문제를 해결해 주어야 한다. 그것은 미자립 교회의 존립을 위협하지 않고 동반 성장의 길을 가는 것이다.

우리는 큰 교회가 한국 교회를 이끌어 간다는 것을 인정하고 존중한다. 그렇기 때문에 주목받는 만큼 모범을 보이는 큰 교회다운 통 큰 모습과 역할을 기대한다. 큰 교회는 재정적으로 넉넉하다고 해서 교만해지거나 작은 교회를 무시하지 말아야 하고, 작은 교회가 처한 입장을 이해하며 배려해야 한다. 작은 교회를 돕겠다고 미자립 교회들을 선정해 후원금을 주면서 이를 조건으로 큰 교회의 성장 방식으로 이끌어 가려 하면 안 된다. 각 교회마다 형편과 처지가 다르다. 그것을 충분히 이해하고 고려해야 한다.

우리는 이 책을 쓰면서 한국 교회의 미래를 바라보며 아름답고 영롱한 꿈을 꾼다. 그 꿈은 큰 교회와 작은 교회가 서로 손을 잡고 함께 가는 것이다. 큰 교회와 작은 교회가 함께 가려면 보조를 맞추어야 한다. 이것은 결코 쉽지 않은 일이다. 그렇기 때문에 더욱 서로에 대한 배려와 존중이 필요하다.

우리가
서로
사랑하자

큰 교회가 작은 교회를 배려해야 한다고 말하는 데는 성서적인 근거가 있다. 신약성서에 나오는 요한 공동체는 유대교 회당에서 떨어져 나왔을 때 사회적으로 정착할 곳이 없었을 뿐만 아니라 사람들에게 소외당했다.[101] 그들은 뜻하지 않게 유대교에서 떨어져 나왔기 때문에 정체성을 찾아야 했다. 그들은 자신들을 "신적 공동체"로 규정했다.

예수님이 하나님의 말씀을 받은 자였던 것같이(요 17:8), 그들은 하나님의 말씀을 받은 '신들'이었다(요 10:35). 다른 한편, 하늘로부터 내려온 예수님이 '하나님의 아들'(요 3:18)이며 '아버지로부터 왔듯이'(요 16:27-28), 그들은 '하나님의 자녀'(요 1:12)이며 '하나님으로부터 난 자들'(요 1:13)이었다.[102] 비록 이 세상에 살고 있지만 하늘에 속한 자들이었다.

그들은 숫자가 적고 사회적으로도 힘이 없는 자들이었기 때문에 서로를 의지해야 했다. "사랑하는 자들아 우리가 서로 사랑하자." (요일 4:7)라는 말씀은 요한 공동체 안에서의 사랑을 말한다. 형제 사랑을 강조했던 요한은 본래 사랑이 많은 사람이 아니었다. 다소 마음이 좁고, 화를 잘 내는 사람이었다. 오죽했으면 "우레의 아들"이라고 했겠는가?(막 3:16-17) 그러나 그는 사랑의 주님과 함께 있으면서 그 성품이 변해서 사랑의 사도라는 말까지 듣게 되었다. 예수님이 어머니 마리아를 요한에게 부탁한 것도 그가 사랑의 사람이었기 때문이었다.

사도 요한은 말년에 에베소교회에서 목회했다. 나이가 많아 거동이 불편해지자자 교회의 젊은 청년들이 요한을 부축해서 강단에 모셔 놓아야 할 정도였다. 요한은 강단에 서기만 하면 늘 "자녀들아! 우리가 서로 사랑하자."라는 말을 되풀이했다. 그러자 제자들이 물었다. "선생님, 왜 늘 같은 말씀만 하십니까?" 이때 요한은 이렇게 대답했다. "이것이 주님께서 주신 새 계명이기 때문이다. 이 계명만 잘 지키면 주님의 모든 말씀을 지키는 것과 같다." 주님이 우리에게 가장 원하시는 것은 우리가 서로 사랑하는 것이다. 사랑하는 것보다 더 큰 계명도, 더 아름다운 신앙도 없다.

요한은 사도 중에서 가장 오래 살았다. 그는 너무도 오랫동안 살아서 고독했다. 그는 세상을 먼저 떠난 모든 사람을 보고 싶어 했고, 속히 세상을 벗어나 그들을 만나고 싶어 했다. 요한의 죽음에 대해서는 성경에 언급되어 있지 않다. 교회사 전승에 따르면 그의 나이가 거의 100살에 이르러 기운이 쇠잔해진 어느 주일예배에 그는 제자들에게 "그리스도의 자녀들이여, 서로 사랑하라."는 유언을 남겼다고 전해진다.[103]

요한은 "우리는 형제를 사랑함으로 사망에서 옮겨 생명으로 들어간 줄을 알거니와 사랑하지 아니하는 자는 사망에 머물러 있느니라."(요일 3:14)는 말을 했다.

구원의 확신에 대해서 묻는 사람들이 있다. 이를 위해 간단히 확인해 볼 수 있는 방법이 있다. 요한의 논리에 따르면 형제를 사랑하지 않는다면 구원받지 않았다. 사망에서 생명으로 옮겨진 것을 알 수 있는 척도는 사랑이다.[104] 여기서 "형제"는 "Christian brothers and sisters"(NLT)이다. 그리스도인 형제와 자매들은 교회에 속해 있다. 그렇다면 교회 간의 사랑은 자연스러운 일이다.

개척 교회 목회자를 돕는 손길은 세상에 있지 않다. 같은 믿음을 지닌 그리스도의 공동체 안에서만 가능하다. J 목사는 도움이 필요할 때면 요한 공동체의 "서로 사랑"이라는 말씀에 근거해서 주님께 기도하고 그리스도인들을 만나곤 했다. 어느 날 그의 교회가 위치한 지역에 재건축이 시작되어 옮길 수밖에 없을 때에도 기도로 하나님의 도우심을 요청했고, 지체들의 도움으로 교회 이전도 이루어졌다. 사랑이 마음속에서 우러나올 때 모든 문제가 해결된다.

빛과 어둠은 서로 어울릴 수 없다(고후 6:14). 그리스도인들은 세상에서 도움을 받을 수 없다. 따라서 공동체 안에서 서로 사랑하며 도와야 한다. 이것은 특별한 일이 아니라 자연스러운 일이다. 오늘도 그리스도 안에서 이루어지는 사랑은 얼마든지 찾아 볼 수 있다. 교회는 개척 교회든 큰 교회든 그리스도인들의 사랑으로 만들어지는 것임을 부인할 수 없다. 누군가의 헌신이 있기에 교회는 운영된다.

서로 사랑은 왼손이 하는 것을 오른손이 모르게 하는 것이다. 그리스도의 사랑으로 주는 자는 자신을 드러내지 않는다. 내가 한 것이라고 말하지 않는다. 하나님 앞에서 칭찬받는 사람의 특징은 자신의 선행을 기억하지 못한다. 그는 자신이 하나님 앞에서 칭찬받을 것이라는 생각을 전혀 하지 못한다. 자기가 한 일은 모두 당연히 해야 하는 것이고, 너무 작고 보잘것없어서 부끄럽다고 생각하기 때문이다.

이들의 모습이 마태복음 25장에 나온다. 예수님은 "내가 주릴 때에 너희가 먹을 것을 주었고 목마를 때에 마시게 하였고 나그네 되었을 때에 영접하였고 헐벗었을 때에 옷을 입혔고 병들었을 때에 돌보았고 옥에 갇혔을 때에 와서 보았느니라."(마 25:35-36)고 말씀하셨다. 그러나 그들은 자신의 선행을 기억하지 못했다. 그래서 그들은 "주여 우리가 어느 때에 주께서 주리신 것을 보고 음식을 대접하였으며 목마르신 것을 보고 마시게 하였나이까 어느 때에 나그네 되신 것을 보고 영접하였으며 헐벗으신 것을 보고 옷 입혔나

이까 어느 때에 병드신 것이나 옥에 갇히신 것을 보고 가서 뵈었나이까 하리니."(마 25:37-39)라고 되물었다.

반면 남을 의식해서 선행하는 사람은 자기가 한 일에 대해 매우 만족할 뿐 아니라 자신의 공로나 업적을 끝까지 기억한다. 그런 선행은 하나님 앞에서 상을 받지 못한다. 그는 사람들에게 칭찬을 들으면서 이 세상에서 이미 상을 다 받았기 때문이다(마 6:2).

우리는 모두 이 세상에서 나그네로 살아가는 자들이다. 나에게 재능과 물질이 있다면 하나님께서 나에게 맡겨 주신 것으로 이해하여 그것을 필요로 하는 사람들에게 주어야 한다. 그렇게 되면 주는 자와 받는 자가 인격적 차원에서 만남을 이루게 된다.

요한 공동체가 주는 또 하나의 깊은 뜻은 가까이 있는 자들을 사랑하라는 것이다. 마더 테레사는 영적, 신체적, 물질적으로 가난한 자들을 예수님으로 대하며 사회적 차원의 봉사를 하는 사람이지만 강연에서는 언제나 부모, 남편, 아내, 자녀에 대한 사랑을 강조했다. 어느 날, 그가 양로원을 방문했을 때 사람들이 대부분 문을 바라보고 있는 광경을 목격했다. 그 이유를 묻자 그들은 혹시 자신의 가족이나 친구들 중 누군가가 찾아올까 하여 문을 바라본다는 것이다. 그는 말했다. "이것이야말로 참으로 큰 가난입니다."[105] 가난은 물질적인 것과 더불어 사람들에게 사랑받지 못하는 가난도 있다. 그것도 가장 가까이 있는 사람들에게 소외받는 것은 인간이 겪는 가장 큰 가난이다.

교회를 다니는 사람 중에 부모를 내버리는 자식 혹은 가족을 돌보지 않는 부모가 있다면 이들을 어떻게 보아야 할까? 바울은 이에 대해 "누구든지 자기 친족 특히 자기 가족을 돌보지 아니하면 믿음을 배반한 자요 불신자보다 더 악한 자니라."(딤전 5:8)고 언급했다. 또한 바울은 "우리는 기회 있는 대로 모든 이에게 착한 일을 하되 더욱 믿음의 가정들에게 할지니라."(갈 6:10)고 했다. 신자의 큰 의무는 친족과 가족 그리고 믿음의 가정을 돌보는 일이다.

우리는 이제 구체적으로 적용해야 한다. 하나님은 "네 이웃들을 사랑하라."고 말씀하시지 않았다. 우리는 온 세상을 사랑할 수 없다. 하나님은 "네 이웃을 사랑하라."(레 19:18)고 하신다. 한 사람, 한 가정만을 사랑하기로 정하라. 처음에는 그 가정을 위해 기도하고 그들의 영적, 물질적, 정신적인 문제와 모든 종류의 곤경을 살피는 일로 시작하라.[106]

테레사 수녀가 그렇게 했다. 그는 자신의 일생을 담은 TV 특집 프로그램에서 집 없는 사람들과 죽어 가는 사람들을 돌보는 사역을 어떻게 시작했는지 보여 주었다. 어느 날 그녀는 길가에 누워 죽어 가는 여자를 보고 자신이 돌봐 줘야 한다는 생각이 들었다고 한다. 두 발은 쥐가 갉아먹었고, 상처가 난 곳에는 구더기가 들끓고 있었다. 사역은 바로 그날부터 시작되었다.

인터뷰 진행자는 이 사역에 인상을 깊이 받고 자신이 들어 알고 있는 내용, 즉 테레사 수녀와 그 동역자들이 길가에 버려져 죽어 가던 4만2천 명이 넘는 사람에게 생명을 찾아 준 사실을 말했다. 그러자 테레사 수녀는 이렇게 대답했다. "맞아요. 하지만 1946년 그때 그 첫 번째 사람을 돌보지 않았다면 다른 4만2천 명을 결코 돌보지 못했을 거예요."[107]

서로 사랑을 생각하면 초등학교 시절 교과서에서 배웠던 가슴 뭉클한 형제 사랑의 이야기가 생각난다. 그 이야기의 출처는 탈무드이다. 교과서에 실린 이야기는 볏단을 나르는 일로 각색되어 있지만 본래 이야기는 이렇다.

이스라엘에 두 형제가 살고 있었다. 형은 결혼해서 아내와 아이들이 있었지만 동생은 혼자였다. 두 사람 모두 부지런한 농부였는데 아버지가 돌아가시면서 재산을 두 사람에게 나누어 주었다. 수확한 사과나 강냉이는 서로 공평하게 2등분해서 제각기 곳간에 보관했다. 밤이 되자 동생은 아이를 키우는 형과 형수를 위해 자기 몫을 얼마간 보태 주려고 형쪽 곳간에 상당한 양의 사과와 강냉이를 옮겨 놓았다. 반대로 형은 동생이 독신이므로 노후가 걱정되어 상당한 양의 사과와 강냉이를 동생 곳간으로 옮겨 날랐다.

아침이 되어 형제는 자신의 곳간에 가 보았는데 이상하게도 어제와 똑같은 양의 수확물이 그곳에 있었다. 다음날 밤도, 또 다음날 밤도 똑같은 일이 되풀이되어 사흘 밤까지 계속되었다. 그다음 날 형제는 서로 상대방의 곳간으로 가다가 마주쳤다. 그때 형제는 서로가 서로를 얼마나 생각하고 있었는지를 알게 되었다. 두 사람은 들고 있던 농작물을 내던지며 부둥켜안고 울었다. 이 장소는 오늘날에도 예루살렘에서 가장 고귀한 장소라고 전해 내려온다.[108]

예수님은 "지극히 작은 자 하나에게 하지 아니한 것이 곧 내게 하지 아니한 것이니라 하시리니."(마 25:45)라고 말씀하셨다. 우리 주위에 지극히 작은 자는 없는가? 눈을 멀리 둘 것이 아니라 가까이에서 찾아봐야 한다. 특히 큰 교회는 고통을 겪고 있는 미자립 개척 교회 목회자를 그리스도의 몸의 지체로 여기고 아픔을 함께 느끼며 서로 돕고 나누어야 한다. 한 몸 된 교회가 서로 사랑하지 못하면서 세상을 사랑한다는 것은 거짓이다. 가난하고 연약한 형제를 돌보지 않으면서 사랑을 외치는 것은 위선이다. 더 이상 자신을 속이지 말아야 한다.

공동체의 삶에서는 "서로"가 중요하다. "형제를 사랑하여 서로 우애하고 존경하기를 서로 먼저 하며"(롬 12:10). 성경은 우리에게 서로 할 것을 말씀하신다. "서로 권하라"(롬 15:14), "서로 받으라"(롬 15:7), "너희가 짐을 서로 지라"(갈 6:2), "피차 권면하며 서로 덕을 세우라"(살전 5:11), "서로 기도하라"(약 5:16), "서로 용서하라"(엡 4:32), "서로 용납하라"(골 3:13). 이것이 바로 공동체의 삶이다.

예수님은 우리에게 "서로 사랑하라."는 새 계명을 주셨고(요 13:34), "너희가 서로 사랑하면 이로써 모든 사람이 너희가 내 제자인 줄 알리라."(요 13:35)고 말씀하셨다. 한국 교회는 서로 사랑하는 삶으로 세상 사람에게 예수 그리스도의 제자인 것을 증언해야 한다. 목회자들은 사랑에 관해 많이 설교하지만 이제 우리는 그동안 말로 외치기만 했던 것을 행동으로 옮겨야 한다.

함께 걸으며
나누면
희망이 있다

성경에 나오는 이스라엘 백성의 광야 생활은 주님과 동행하며 보조를 맞추는 것이 어떠한 모습인지를 잘 보여 준다. 이스라엘 백성은 구름기둥과 불기둥이 움직이면 따라서 움직이고, 구름 기둥과 불기둥이 멈추면 따라서 멈추었다. "구름이 성막 위에서 떠오를 때에는 이스라엘 자손이 그 모든 행진하는 길에 앞으로 나아갔고 구름이 떠오르지 않을 때에는 떠오르는 날까지 나아가지 아니하였으며 낮에는 여호와의 구름이 성막 위에 있고 밤에는 불이 그 구름 가운데에 있음을 이스라엘의 온 족속이 그 모든 행진하는 길에서 그들의 눈으로 보았더라"(출 40:36-38).

우리도 말씀과 성령이 인도하시는 대로 주님이 서실 때 서야 하고 주님이 가실 때 가야 한다. 이것이 평생 주님과 보조를 같이하며 동행할 수 있는 방법이다. 그렇다면 한국 교회는 어떤 모습일까?

과연 주님과 동행하고 있다고 말할 수 있을까?

누군가 한국 교회의 성장은 "속도 위반 성장"이라고 말한 적이 있다. 건전하게 앞서거니 뒤서거니 하는 게 아니라 과속으로 질주해서 다른 교회에게 큰 피해를 준다는 것이다. 주변에 있는 교회는 아랑곳하지 않고 오로지 우리 교회만 잘되면 된다는 식으로 속도 위반을 하면서 규모와 숫자 경쟁을 한다면, 그 교회는 주님과 동행하는 교회라고 할 수 없다. 그런 교회들이 주도한다면 한국 교회의 미래는 희망이 없다.

자동차는 빨리 몰수록 시야가 좁아져서 주변을 보지 못한다. 정상 시야는 좌우 180도까지 넓게 볼 수 있는데 시속 40km로 주행할 때는 100도, 시속 100km로 주행할 때는 40도로 좁아진다고 한다. 과속하면 스스로 감당하기 어려운 상황으로 치닫게 된다. 하나님은 이스라엘이 과속할 때 선지자들을 통해 경고하셨고, 그들이 그 경고를 무시하자 앗수르와 바벨론 등 이방 나라를 사용하셨다. 우리는 한국 교회를 향한 여론의 질타와 비기독교인들의 비판을 하나님의 경고로 알아야 한다. 이제는 속도를 줄이고 자신과 주변을 돌아보아야 한다.

박목월 시인은 『밤에 쓴 인생론』에서 아내와 걷는 밤길의 보조(步調)에 대해 이렇게 썼다.

영화가 끝나고, 밤거리를 걷다가 내외가 돌아오면은 전신에 스며드는 정다움을 느끼게 된다. 갖은 살림의 고된 고비를 넘어서, 부부가 적적한 밤거리를 걷는 그 정경이야말로 측은하다면 한량없이 측은한 일이다. 여보, 불러 본다. 그러나 바로 옆에 함께 걷는 줄로만 생각했던 아내가 두서너 발자국 뒤에서 대답한다. 걸음을 멈추고 아내를 기다렸다가 나란히 걷는다. 그러나 얼마쯤 걷다 보면 역시 아내는 두서너 발자국 쳐져서 따라온다.[109]

이는 우리의 모습을 보는 듯하다. 아무리 부부라도 나란히 동행하기가 쉽지 않다. 우리는 동행해야 할 소중한 사람들과 얼마나 보조를 맞추며 걷고 있는지를 돌아보며 우리의 발걸음과 한국 교회를 생각해 본다.

이제 한국 교회는 속도를 줄여야 한다. 과속 질주 때문에 피해를 입은 교회들을 돌아보고, 뒤처진 교회들과 함께 걸을 수 있어야 한다. 우리는 이 땅에 하나님 나라를 이루도록 부름받았다. 우리의 삶의 목적은 하나님의 영광이다. 이것은 모든 목회자의 공통된 삶의 목표이다. 결국 가야 할 목적지가 같고 추구하는 바가 같다. 그렇기 때문에 서로 돌보면서 함께 가야 한다.

우리가 추구하는 초대 교회 공동체는 소유욕으로 가득한 교회 공동체가 아니라 나눔 공동체였다. 교회가 세상을 향해 나누는 것도 중요하지만 먼저 교회가 교회에 나눌 수 있어야 한다. 큰 교회는 자기 교회의 이름을 걸고 구제하고 봉사하며 선교사에게 후원도 한다. 그러나 가난한 이웃 교회, 부교역자가 나가서 개척한 미자립 교회를 후원하는 큰 교회는 그리 많지 않다. 이것은 오늘날 교회가 서로를 주 안에서의 형제자매라는 공동체로 생각하지 않기 때문이다. 교회는 예수 그리스도의 피로 하나 된 하나님의 한 가족이다.

2014년 말에 개봉된 영화 "국제시장"은 가장(家長)의 책임의식을 보여 주는 가족 영화로 많은 사람의 마음을 울렸다. 6·25 전쟁 때 이북에서 부산으로 피난 온 주인공 덕수는 국제 시장에서 구두를 닦으면서 친구 달구를 만난다. 달구는 덕수 인생의 크고 작은 사건에 껌딱지처럼 붙어 다니면서 역경을 함께 이겨 나가는 가장 좋은 벗이다. 이들의 아름다운 우정은 전도서의 말씀을 생각나게 한다.

두 사람이 한 사람보다 나음은 그들이 수고함으로 좋은 상을 얻을 것임이라 혹시 그들이 넘어지면 하나가 그 동무를 붙들어 일으키려니와 홀로 있어 넘어지고 붙들어 일으킬 자가 없는 자에게는 화가 있으리라 또 두 사람이 함께 누우면 따뜻하거니와 한 사람이면 어찌 따뜻하랴 한 사람이면 패하겠거니와 두 사람이면 맞설 수 있나니 세 겹 줄은 쉽게 끊어지지 아니하느니라(전 4:9-12).

우리 인생이 아무리 어려워도 좋은 동행자가 있으면 이겨 낼 수 있다. 덕수는 달구와 함께 독일 광부로 지원하여 동생을 공부시키고 집도 산다. 그리고 여동생의 결혼 자금을 마련하려고 또 다시 덕구와 함께 월남으로 갔다가 장애인이 되어 돌아온다. 영화를 보면서 가장이라는 이름의 무게가 무겁게 느껴졌다.

덕수가 가장으로서 가족의 짐을 대신 짊어졌던 것처럼 예수님은 우리의 모든 짐을 대신 지셨다. 우리로서는 한 가장의 짐도 감당하기 어려운데 예수님은 우리 인류의 모든 짐을 대신 짊어지셨다. 예수님에게 주어진 '메시아'라는 이름의 무게가 얼마나 무거웠을까? 그래서인지 예수님은 자신의 나이보다 더 늙어 보이셨다. 예수님이 유대인들에게 "너희 조상 아브라함은 나의 때 볼 것을 즐거워하다가 보고 기뻐하였느니라."라고 말하자 그들은 "네가 아직 오십 세도 못되었는데 아브라함을 보았느냐."라고 물었다(요 8:56-57). 33세의 예수님에게 유대인들이 오십을 운운한 것을 보면 다른 사람보다 많이 늙어 보였다는 것을 말해 준다. 이는 예수님이 인류를 구원하시려고 머리 둘 곳도 없는 피곤한 인생을 사셨기 때문일 것이다.

큰 교회는 한국 교회 각 교단들의 가장이다. 큰 교회 지도자들은 집안의 가장과 같은 책임 의식을 지녀야 한다. 작은 교회, 특히 미자립 교회의 문제를 남이 아닌 우리 가족의 문제로 받아들이고 심각하게 고민해야 한다. 큰 교회가 나서서 작은 교회와 협력하며 미자립 교회를 세우는 일은 곧 한국 교회를 세우는 일이다. 내가 복을 받고 잘되는 것도 중요하지만 함께 복을 받고 잘되는 일은 더욱 중요하다.

오늘날 한국 교회의 상황은 7년의 풍년이 끝나고 7년의 흉년이 찾아온 요셉 당시와 다르지 않다. 흉년이 심해서 가나안에 있던 야곱의 가족까지 먹을 양식이 부족해 어려움을 겪었다. 하나님은 요셉을 통해 그의 가족을 구하시고, 애굽과 지역 사람을 흉년에서 구원하셨다. 우리는 이 땅의 미자립 교회를 구할 수 있는 이 시대의 요셉을 기다린다. 우리에게 지금 가장 필요한 것은 희망이다. 희망은 우리 목회의 버팀목이다.

1941년에 영국은 풍전등화의 위기를 겪었다. 독일의 1백만 대군이 도버 해협에서 영국을 공격할 준비를 하고 있었을 때, 미국은 참전할 기미를 보이지 않았다. 또한 독일 폭격기 수백 대가 영국을 초토화하고 있었을 그 절망의 시기에 영국 국민이 했던 질문은 '우리가 과연 살아남을 수 있을까?'였다. 그때 윈스턴 처칠(Winston Churchill)이 이런 말을 했다. "살아남다니? 나는 그따위 목적을 세워 본 적이 없다. 우리의 목적은 살아남는 것이 아니다. 우리의 목표는 승리하는 것이다. 하늘에서, 바다에서, 땅에서 마지막 한 명이 쓰러질 때까지 나는 절대 히틀러에 굴복하지 않는다. 끝까지 싸워서 나는 반드시 괴물을 쓰러뜨리고야 말 것이다."[110]

개척 교회 목회자들은 절망스러운 환경에서 수없이 질문하고 또 질문한다. '우리가 과연 살아남을 수 있을까?' 이 상황에서 누가 우리의 목적은 살아남는 것이 아니라 승리하는 것이라고 희망과 용기를 줄 수 있을까? 우리는 이를 위해 교단이 나서 주어야 한다고 생각한다. 교단에서는 두 가지 현실적인 문제를 해결하는 데 집중할 필요가 있다.

첫째는 신학교 문제이다. 현재 우리나라에는 200개 가까운 신학교가 있다. 이들 신학교에서는 매년 목회자 후보생이 수천 명씩 쏟아져 나온다. 하지만 이들 중 상당수는 갈 곳이 없어 무직 목사가 된다. 성도 수는 줄어들고 있는데 목회자 수는 늘어나고 있기 때문이다. 그런데도 신학교들은 이에 아랑곳없이 신입생을 유치하려고 경쟁한다. 왜 이런 기이한 현상이 나타나는 것일까? 그것은 바로 신학교 운영 목적이 양질의 목회자 양성에 있는 것이 아니라 신학교 경영에 있기 때문이다.[111] 따라서 신학교들은 신학생 수를 조절하고 질적인 교육에 힘써야 한다. 최소한 10년 이상을 바라보며 철저히 교육해야 한다. 그리고 신학교에 오겠다는 사람이 있다면 이들을 귀하게 여겨야 한다. 유럽의 가톨릭교회는 사제 지원자가 없어 위기를 맞고 있지 않은가?

둘째는 미자립 교회의 문제이다. 우리는 개척 교회와 미자립 교회 목회자를 초청해서 재교육의 기회를 제공하고, 매월 지원금을 지급하며, 미자립 교회 목회자 자녀를 위한 장학금 후원 제도를 만들어야 한다고 생각한다. 더 나아가 자비량 목회를 원하는 목회자에게 그 길을 마련해 주는 방안도 고려해 볼 필요가 있다. 교단에서는 교단 내 큰 교회가 개교회주의를 넘어 공교회 정신으로 교단의 연약한 교회를 돌보며 사랑을 실천할 수 있는 장을 마련해 주어야 한다.

따뜻한 마음이 있으면 미자립 교회를 도울 수 있다. 이제는 더 이상 건축에 돈을 쏟아 붓지 말고, 미자립 교회를 돌봐 주어야 한다. 교인 중에서 각 분야의 전문가를 지원팀으로 구성하여 수시로 작은 교회를 찾아 순회하면서 낡은 건물과 시설을 보수해 주고 조명이나 음향 장비, 컴퓨터를 점검해 줄 수 있다. 피아노 반주자가 많은 교회라면 피아노 반주자가 없는 교회로 반주자를 파송할 수도 있다. 마음이 있다면 도울 수 있는 방법은 얼마든지 있다.

중요한 것은 실천하는 일이다. 부뚜막의 소금도 집어넣어야 짜다는 말처럼 사랑 역시 행할 때 참된 사랑이 된다. 그래서 요한은 "자녀들아 우리가 말과 혀로만 사랑하지 말고 행함과 진실함으로 하자."(요일 3:18)라고 권한다. 밖으로 행함이 있어야 하고 안으로 진실함이 있어야 한다는 말이다. 이 두 가지 요소가 겸비될 때 비로소 사랑이라고 할 수 있다. 또한 야고보는 "너희 중에 누구든지 그에게 이르되 평안히 가라, 덥게 하라, 배부르게 하라 하며 그 몸에 쓸 것을 주지 아니하면 무슨 유익이 있으리요 이와 같이 행함이 없는 믿음은 그 자체가 죽은 것이라."(약 2:16-17)고 말한다. 우리는 말이 앞서지 않도록 주의해야 한다.

개척 교회 목회자들은 미자립 교회의 상황이 어떠하고 아픔이 무엇인지 알지도 못하면서 함부로 말하는 사람들 때문에 종종 상처를 입는다. 큰 교회에서 일하는 어느 부목사가 개척 교회를 하는 동기 목사에게 잘난 체하며 이렇게 말했다고 한다. "낚시질만 하고서 최선을 다했다고 할 수 있을까? 고기잡이 도구를 다양하게 사용해서 최대한 많이 잡는 것이 최선이라고 생각해." 이후 부목사는 교회를 개척했는데 그 당시에 큰 어려움을 겪으면서 친구의 입장을 이해하지 못하고 함부로 말했던 것을 후회했다고 한다. 상대방을 이해하지 못하면 위로와 격려를 해 주지 못하고 도리어 상처만 줄 수 있다.

더 이상 말은 필요 없다. 작은 실천이 큰 변화를 만든다. 일단 속도부터 줄이자. 그러면 주변 상황이 눈에 보일 것이다. 뒤쳐진 자들이 보이는가? 함께 걷고 나누면 희망이 있다. 여기저기서 싹이 나고 있는 작은 교회 세우기 운동을 통해 한국 교회의 희망을 보고 싶다. 작은 교회 세우기 운동이 탁상공론이나 이벤트로 끝나지 않기를 바란다.

어찌 그리 선하고 아름다운고

2012년 통계청 발표에 따르면, 전국에서 기독교 단체(교회, 기도원, 선교원)가 가장 많은 시군구 1-3위는 인천 부평구와 남동구, 서울 송파구로 나타났다. 면적 대비 최고 밀집 지역은 경기도 부천시 소사구로 100m마다 교회가 있는 것으로 확인됐다.[112]

수도권은 교회가 밀집되어 있다. 그러다 보면 교회 간에 자연스럽게 경쟁이 붙고, 목회자 간에 반목하게 된다. 그러므로 교회를 개척할 때 주변 교회와 경쟁하지 않는 구조를 만드는 것이 중요하다. 주변 교회와 비슷한 예배 방식과 교회 구조, 프로그램으로 개척하면 바로 이웃 교회의 경쟁자가 되고 만다.

최근 교회성장연구소의 조사 결과에 따르면 기독교의 선호도는 26%, 목회자의 신뢰도는 11%라고 한다. 동 연구소는 2013년 전국 9개 지역 비신자 1,500명을 대상으로 기독교에 대한 의식구조를 문는 설문 조사를 실시하여 이 같은 결과를 얻었다. 기독교에 대해 부정적인 사람들은 교회 간 갈등과 목회자의 부도덕적 행위, 성도에 대한 통제 등을 그 이유로 손꼽았다. 이 결과에서 주목할 점은 목회자의 신뢰도가 기독교의 선호도와 비교했을 때 절반 이하로 극히 낮다는 점이다. 이와 같은 조사 결과는 교회 간 갈등이 목회자의 신뢰도를 떨어뜨린다는 점을 나타낸다.[113]

자식들이 화목하지 못하고 다투면 부모의 마음이 아프듯이 교회 간에 경쟁하고 갈등하면 하나님의 마음도 아프실 것이다. 하나님의 마음을 기쁘시게 하지는 못할망정 아프게 하는 일은 하지 말아야 한다. 우리는 "보라 형제가 연합하여 동거함이 어찌 그리 선하고 아름다운고."(시 133:1)라는 말씀에서 교회가 서로 연합하여 사랑의 공동체를 이루기 원하시는 하나님의 마음을 읽을 수 있다. 이 말씀은 연합 모임 때 가장 많이 사용된다. 그런데 모두가 꿈을 꾸지만 잘 이루어지지 않는다. 그 이유는 그만한 대가를 지불하지 않기 때문이다. 하나님이 보시기에 선하고 아름다운 교회가 되어 영혼을 살리고 치유하는 사명을 감당하려면 서로 마음과 뜻을 함께해서 손잡고 가야 한다. 꿈 같은 이야기가 아니다. 최고, 최대를 이루어보겠다는 개인의 영광과 명예욕을 내려놓으면 얼마든지 가능하다.

바울은 복음을 위해 자신의 공회원 신분을 내려놓았고, 가말리엘 문하생으로 갈고닦은 율법의 지식을 내려놓았으며, 자신에게 유익하던 모든 것을 내려놓았고, 가족도 내려놓았으며, 생명까지 내려놓았다. 그가 내려놓음으로 사도행전의 놀라운 역사가 쓰였다. 그렇다면 오늘날 목회자들은 어떤가? 토저(A. W. Tozer)는 『이것이 성공이다』라는 책에서 이렇게 문제를 지적한다.

> 우리는 우리의 소유물, 지식, 외모, 능력을 자랑하지만 바울은 모든 것을 해로 여기고 모든 것을 배설물로 여겼다. 우리는 바울이 배설물로 여겼던 것들을 움켜쥐는 것이 '성공'과 '출세'라고 생각한다. 정신 차려라. 그런 세상적인 것들을 배설물로 여기는 것이 진정한 성공이다.[114]

바울의 옥중서신인 빌립보서를 보면 그는 기쁨이 넘친다. 하늘을 경험하고 하늘의 시민권자라는 의식으로 살았던 바울은 감옥에 갇혀서도 기뻐했을 뿐만 아니라 오히려 감옥 밖의 교인들에게도 기뻐하라고 권면했다. 바울은 하늘의 소망과 기쁨을 소유하고 있었기에 세상 사람들이 최고의 가치로 여기는 것들을 배설물로 여겼다.

그런데 바울이 배설물로 여긴 것이 지금 이 시대의 그리스도인들에게는 부러움의 대상이요, 우상이 되었다. 배설물에는 당연히 고약한 냄새가 나는 법인데, 왜 우리에게는 그것들이 달콤하고 감미롭게 느껴지는 것일까? 우리는 이런 모습을 부끄러워해야 한다. 보물처럼 움켜쥐고 있는 것이 배설물이라는 사실을 빨리 깨달아야 한다.

Y 목사가 연합회 활동을 하면서 경험한 일이다. 어느 큰 교회 목회자가 연합회 모임에서 설교하면서 "작은 교회는 큰 교회를 향해 마음을 열고, 큰 교회는 작은 교회를 위해 지갑을 열자."라고 말한 적이 있다. 큰 공감을 불러일으키는 말이었다. Y 목사는 그의 말을 오래도록 기억하고 있었다. 우리는 이것이 한국 교회가 아름다운 연합으로 나아갈 수 있는 대안이 될 수 있겠다고 생각했다.

많은 사람이 '나만 아니면 된다.'라는 생각을 하며 살아간다. 길가에서 누군가가 폭행을 당하고 있어도, 옆집에 사는 사람이 쓰러져 있어도, 아프리카에서 어린아이들이 굶어 죽어도 나만, 내 가족만, 내가 사는 지역만, 내 나라만 아니면 된다고 생각한다. 그렇다면 교회는 얼마나 다를까? 개인주의만큼 무서운 것이 개교회주의, 더 나아가 개교단주의이다. 큰 교회 목회자는 얼마나 양심의 가책 없이 선한 사마리아인의 이야기를 설교할 수 있을까?

바울이 로마 감옥에 있을 때 빌립보교회에서는 에바브로디도를 통해 바울에게 쓸 것을 보내 주었다. 이에 감동한 바울은 "내게는 모든 것이 있고 또 풍부한지라 에바브로디도 편에 너희가 준 것을 받으므로 내가 풍족하니 이는 받으실 만한 향기로운 제물이요 하나님을 기쁘시게 한 것이라."(빌 4:18)고 했다. 큰 교회 목회자는 작은 교회를 향해 지갑을 열어야 한다. 이것이 하나님을 기쁘시게 하는 일이다. 작은 교회 목회자는 큰 교회를 향해 마음을 열어야 한다. 바울은 고린도 교인들에게 "우리의 마음이 넓어졌으니…너희도 마음을 넓히라."(고후 6:11,13)고 말한다. 내가 먼저 마음을 넓혔으니 너희도 마음을 넓히라는 것이다. 그렇다면 어떻게 마음을 넓힐 수 있을까? 그것은 넓은 마음을 소유하신 예수님의 마음을 품는 것이다. 예수님의 제자들도 처음에는 마음이 좁았다. 그러나 예수님의 마음을 품으면서 세상을 품는 자들이 되었다. 사람이 마음을 넓히면 바다같이 넓어질 수 있고, 마음을 좁히면 바늘구멍보다 더 작아질 수 있다. 넓은 마음을 갖자. 교회가 작다고 마음까지 작아지면 되겠는가?

유명한 작가이자 성경학자이며 목회자인 마이어(F. B. Meyer) 목사가 영국에서 목회할 때, 런던에서는 설교의 황태자로 불리며 6천 명을 수용한 당시 세계 최대의 침례교회였던 태버너클(Tabernacle)교회를 세운 찰스 스펄전(Charles H. Spurgeon) 목사와 웨스트민스터(Westminster)교회의 캠벨 몰간(G. Campbell Morgan) 목사가 선의의 경쟁을 하면서 함께 활동했다.

몰간 목사가 사역을 하러 잠시 미국에 갔을 때 몰간 목사와 친구였던 마이어 목사는 미국에 있는 그를 위해 열심히 기도했다. 그러나 몰간 목사가 다시 영국으로 돌아와 웨스트민스터교회를 담임했을 때 마이어 목사는 이런 고백을 했다. "몰간 목사가 미국이 있을 때는 그를 위해 기도하는 것이 좋았는데 서로 같은 도시에서 일하다 보니 그를 위해 기도하지 않게 되더군요."

마이어 목사는 다른 목사들을 시기한 것이다. '나는 스펄전 목사처럼 설교를 잘해서 인기를 얻는 것도 아니고, 몰간 목사처럼 권위 있는 목회를 하지도 못하는구나.' 이런 생각이 들자 그는 하나님께 이런 기도를 했다고 한다. '하나님, 제 마음에 존재하는 이 시기와 질투를 없애 주시옵소서.'

그러나 아무리 기도해도 그 시기는 사라지지 않았다. 어느 날 마이어 목사님은 기도하는데 하나님의 음성이 마음 가운데 들려왔다. "네 기도를 바꾸어라. 질투를 없애 달라 기도하지 말고, 그들을 축복하는 기도를 해라." 이런 주님의 음성을 들은 후부터 마이어 목사는 이렇게 기도를 바꾸었다. "하나님, 스펄전 목사와 태버너클교회에 큰 복을 주옵소서. 캠벨 몰간 목사와 웨스트민스터교회를 축복해 주옵소서." 그러자 마음에 평안과 기쁨이 찾아왔다.

어느 날 주일 예배에서 마이어 목사는 이런 기도를 했다. "하나님, 몰간이 목회하는 교회에 큰 복을 주셔서 사람들이 가득 메워지게 해 주옵소서. 그래서 들어갈 자리가 없어서 사람들이 남거든 우리 교회로 보내 주시옵소서." 그 후부터 이 세 사람은 아주 가까운 친구가 되었고, 이 세 교회는 모두 크게 성장했다고 한다.

해외 선교를 위해서 기도할 때는 그리 어렵지 않다. 농어촌 교회를 위해 기도하는 일도 어렵지 않다. 그러나 자기 주변에 있는 교회를 위해 기도하는 일은 어렵다. 서로 경쟁하는 관계에 있기 때문이다. 우리는 이것을 뛰어넘어야 한다. 교회는 경쟁하는 관계가 아니라 협력하는 관계이다. 지역 교회가 경쟁하며 싸우는 동안 사탄은 가만히 앉아 어부지리 격으로 전리품을 챙기고 있다. 그렇기 때문에 사탄의 세력을 이기기 위해서는 지역 교회 간의 연합이 필요하다. "형제가 연합하여 동거함이 어찌 그리 선하고 아름다운고."라고 노래한 시인은 그 아름다운 모습을 "머리에 있는 보배로운 기름이 수염 곧 아론의 수염에 흘러서 그의 옷깃까지 내림 같고 헐몬의 이슬이 시온의 산들에 내림 같도다."(시 133:2-3)라고 했다. 기름의 향기는 악취를 제거하며 온몸을 아름답게 한다. 이슬은 메마른 대지를 촉촉이 적셔 준다. 이것이 연합의 아름다움이다.

우리는 견해가 서로 다르지만 연합할 수 있다. 왜냐하면 견해의 차이는 지엽적인 것이고, 연합은 본질적인 것이기 때문이다. 우리가 연합을 이루려면 지엽적인 문제에 관해서는 서로 관용해야 한다.[115] 연합의 의미는 복음을 생각할 때 더욱 중요해진다. 왜냐하면 분열된 교회는 세상에 덕이 되지 않으며, 우리가 지리멸렬하게 나뉘어 있는 한 사람들은 우리가 전하는 바를 들으려 하지 않기 때문이다.[116]

제자들을 향해 예수님이 마지막으로 했던 기도를 기억하는가? 이는 "우리와 같이 그들도 하나가 되게 하옵소서."(요 17:11)였다. 아직도 응답되지 않은 이 기도는 예수님의 마지막 소망이자 유언이었으며, 지금도 여전히 그러하다. 이것이 하나님의 꿈이건만 그 꿈은 인간 때문에 저지되고 있다.[117] 예수님은 하나의 교회를 원하셨다. 우리는 예수님이 간절하게 하셨던 마지막 기도를 기억해야

한다. 하나 됨을 최우선 순위에 두고 연합을 위해 더욱 노력해야
한다.

하지만 종종 연합했다가 깨지는 경우가 있다. 그 원인은 무엇일
까? 우리는 그 이유를 욕심 때문이라고 생각한다.

장님 거지와 앉은뱅이 거지가 서로 만났다. 그 둘은 처지가 서로
딱하니 함께 도우며 살자고 했다. 장님은 앉은뱅이의 다리가 되어
주고 앉은뱅이는 장님의 눈이 되어 주었다. 그들은 시간이 지날수
록 친해졌다. 그런데 앉은뱅이가 욕심을 부리기 시작했다. 장님의
밥그릇보다 자기의 밥그릇에 항상 밥을 더 담은 것이다. 이러한 사
실을 모르는 장님은 점점 야위어만 갔다. 그는 자기의 체질이 원래
약한 줄로만 생각했다.

추운 겨울이 다가왔다. 두 사람은 다른 마을로 가려고 산등성이
를 넘었다. 허기지고 약해진 장님은 산등성이를 넘다가 그만 쓰러
지고 말았다. 두말할 것 없이 앉은뱅이도 차가운 길바닥에 내팽개
쳐져 오도 가도 못하는 신세가 되고 말았다. 앉은뱅이 거지는 그제
야 자기의 이기심과 욕심을 후회했지만 이미 늦었다. 다음날 두 사
람은 산등성이에 동사체로 놓여 있었다.[118]

하나님께서 복을 주시는 목적은 모든 착한 일을 넘치도록 하기
위함이다. "하나님이 능히 모든 은혜를 너희에게 넘치게 하시나니
이는 너희로 모든 일에 항상 모든 것이 넉넉하여 모든 착한 일을 넘
치게 하게 하려 하심이라 기록된 바 그가 흩어 가난한 자들에게 주

었으니 그의 의가 영원토록 있느니라 함과 같으니라"(고후 9:8-9).

이제 한국 교회는 욕심을 부리지 말고 진정으로 하나님이 보시기에 아름다운 연합을 이루어 내야 한다. 더 이상 개교회주의, 개교단주의로 나아가서는 안 된다. 교회는 성령 안에서 하나이어야 한다. 성령이 하나 되게 하신 것을 힘써 지켜야 한다(엡 4:3).

우리가 꿈꾸는 교회

어느 날 스펄전 목사에게 한 젊은이가 찾아왔다. "목사님, 저는 교회 생활에 늘 시험을 받고 지쳐 있는데, 문제가 없는 완전한 교회 하나 소개해 주십시오." 그러자 스펄전 목사는 빙그레 웃으면서 이런 이야기를 했다고 한다. "자네가 혹시 그런 교회를 찾으면 나에게 꼭 알려 주게. 나도 그 교회에 가서 그 교회의 교인이 되고 싶다네. 그러나 자네는 말이야 그런 교회를 찾거든 자네만은 절대로 그 교회에 등록하지 말게." "왜요?" "그것은 자네가 그 교회에 교인이 되면, 그날부터 그 교회의 완전성은 깨질 테니까 말이야."

그리스도인이라면 누구나 이상적인 교회에서 은혜롭게 신앙생활을 하고 싶어 한다. 그래서 교회에 불만이 있으면 문제가 없는 완벽한 교회를 찾아 이 교회 저 교회 계속 옮겨 다니거나 마음에 드는 교회가 없으면 아예 교회를 나가지 않는다. 그러면서 그들은 '가나안'(안나가) 성도가 된다.

교회에서 도덕적인 문제가 생기면 사람들은 크게 실망한다. 교인도 사람인데 왜 사회에서는 유난히 교회에 대해 실망하며, 비판의 기준을 들이대는 것일까? 이것은 교회를 지나치게 이상적으로 바라보고 천국의 모습을 기대하기 때문이다. 그러나 예수님께서 생각하시는 이상적인 교회는 마음의 상처가 있고 병든 죄인들이 모인 곳이다. 예수님은 "건강한 자에게는 의사가 쓸 데 없고 병든 자에게라야 쓸 데 있느니라 나는 의인을 부르러 온 것이 아니요 죄인을 부르러 왔노라."(막 2:17)고 말씀하셨다.

이상적인 교회는 천국이 아니라 영적인 병원이다. 거만하고, 이기적이고, 혈기 부리고, 술과 담배를 하고, 노름에 중독된 사람들이 모여 하나님의 사랑 가운데 변화받는 치료의 장소가 바로 이상적인 교회이다. 그렇기 때문에 문제가 없을 수 없다. 세상 속의 교회는 불완전한 사람들이 모이는 곳이다. 이 세상 어디에도 온전한 교회는 없다. 다만 온전을 향해 나아갈 뿐이다. 교회는 언제나 '공사 중'이다.

우리는 교회에 대한 개념을 바꾸어야 한다. 교회는 천국이 아니라 병원이다. 『하나님 어디 계십니까』의 저자 라비 재커라이어스(Ravi Zacharias)는 "교회는 내적 치유와 회복의 장소이어야 한다."라고 말하면서 구체적으로 이렇게 설명한다.

한 사람이 비틀거리거나 죄에 빠질 때, 손을 내밀어 그를 회복시키는 것은 그리스도의 교회가 받은 특권적 소명이다. 하나님이 너무 멀리 계시다고 느껴져 고민하는 사람에게 교회 지체들이 내민 팔이야말로 하나님이 하실 수 있는 유일한 위로이다. 버림받았다고 느끼는 사람에게, 하나님의 백성의 가슴이야말로 하나님이 그와 같이 느끼며 두드리실 수 있는 유일한 피난처이다. 함께하는 공동체만큼 보살핌을 받고 있다고 느끼게 되는 곳도 없다. 상처와 외로움이 너무 많은 오늘날, 그리스도의 사랑으로 다가가는 공동체만큼 우리 사회에 많은 것을 보여 줄 수 있는 것도 없다.[119]

교회에서는 치료의 역사가 일어나야 한다. 병원에 가면 환자가 옷을 벗고 의사에게 자신의 몸을 맡기듯 교회에서도 부끄럼 없이 심리적 무장을 해제하고 자신을 노출할 수 있어야 한다. 바울은 이러한 분위기를 조성할 수 있는 구체적인 방법을 제시한다. "서로 친절하게 하며 불쌍히 여기며 서로 용서하기를 하나님이 그리스도 안에서 너희를 용서하심과 같이 하라"(엡 4:32). 하나님의 성품을 나타내는 친절과 긍휼과 용서는 치유의 효과가 있다.

병원에서는 아픈 사람이 제 구실을 못한다고 나무라지 않는다. 교회도 이와 같아야 한다. 인격이 모자란다고 화를 내면 안 된다.

치료받는 분위기를 만들기 위해서는 교회 공동체가 가족적이어야 한다. 가족이 함께 모여 사는 가정은 자신이 저지른 실수와 허물이 용납되는 곳이다. 하지만 가족 간에는 가면을 쓰거나 가장(假裝)하지 않는다. 그래서 우리에게는 가정이 필요하고, 가정과 같은 편안한 공동체가 필요하다.

예수님 당시 바리새인들은 다른 사람들에게는 존경받았지만 예수님에게는 책망받았다. "화 있을진저 외식하는 서기관들과 바리새인들이여 잔과 대접의 겉은 깨끗이 하되 그 안에는 탐욕과 방탕으로 가득하게 하는도다 눈 먼 바리새인이여 너는 먼저 안을 깨끗이 하라 그리하면 겉도 깨끗하리라"(마 23:25-26). 예수님은 그들의 삶을 '겉으로는 하얗게 회칠한 무덤'으로 비유하시며, 겉으로는 올바르게 행동하는 것 같지만 속은 마치 무덤 속의 썩은 시체처럼 썩고 부패하여 악취가 난다고 말씀하셨다.

사람들은 자주 인생을 가장하면서 살아간다. 지금 있는 현실보다 더 만족하는 것처럼 살아간다. 그 결과 인생에서 고통과 실망스러운 것을 직면하고 싶어 하지 않는다.[120] 그러나 예수님은 가장하는 것을 싫어하신다. 우리가 영적인 가면을 벗고 솔직하게 자신의 모습을 직면하며 참된 변화를 추구하기 원하신다. 그렇다면 진정한 공동체라고 말할 수 있는 참 교회는 어떤 곳일까? 켄 메디아는 "이곳이 그런 곳이 아니라면"이라는 시를 통해 교회의 위선과 가식을 꼬집으며, 참된 교회의 모습을 그리고 있다.

눈물이 이해되지 않는 곳이라면 이제 나는 어디 가서 고독한 울음을 울 것인가?

나의 영혼이 날개를 달 수 없는 곳이라면 나는 이제 어디로 날아갈 것인가?

훌륭한 사람들과 덕망이 넘치는 사람들이 가득 차 있는 곳, 그래서 나를 짓누르는 곳, 내가 원하는 곳은 그런 곳이 아니다. 절대로, 절대로, 나는 그런 곳을 원치 않는다.

하루도 빠짐없이 일등이 되어야 하는 곳, 우리는 이제 그런 곳이 가짜라는 것을 안다.

늘 얼굴에 웃음을 짓는 사람들이 모인 곳, 웃음을 지을 수 없을 때도 있지 않은가? 나는 그런 곳을 원치 않는다.

늘 좋은 말을 입에 담지만, 우리는 그게 가짜라는 것을 안다. 나는 그런 곳을 원치 않는다.

나의 물음이 대답되는 곳이 아니라면 나는 이제 어디로 가서 해답을 찾을 것인가?

나의 마음 한 가운데서 울음소리가 들릴 때, 나는 어디로 가서 말을 건넬 것인가?

이곳이 그곳이 아니라면.

이곳이 그곳이 아니라면.

눈물이 이해되지 않는 곳이라면

나는 이제 어디로 가서 이 고독한 울음을 울 것인가?[121]

많은 사람들은 큰 기대를 갖고 교회를 나오지만 실망하기 일쑤이다. "나는 이제 어디로?"라는 이 물음에 교회는 얼마나 자신 있게 "이곳으로"라고 말할 수 있을까? "인생의 방황은 예수님을 만나면 끝이 나고, 신앙의 방황은 좋은 교회를 만나면 끝이 난다."라는 문구가 교회 홍보 슬로건에 유행처럼 사용된다. 우리 교회는 정말 신앙의 방황을 끝낼 수 있는 교회일까? 솔직하고 진지하게 우리의 모습을 돌아볼 필요가 있다.

그렇다면 한국 교회는 어떠한가? 지나친 표현일지 모르나 한국 교회가 대부분 자신의 약점이나 아픔을 노출할 수 있는 진정한 치유 공동체의 모습을 갖고 있지 못하다고 생각한다. 이는 한국인 특유의 체면 의식 때문이다.

우리나라 사람에게는 목숨보다 소중한 것이 체면이다. 그래서 표리부동(表裏不同)한 이중적인 삶을 살게 된다.[122] 목회자는 항상 활기차야 하고, 부드럽게 말해야 하며, 자신을 배척하는 사람에게조차도 미소로 다가가야 한다. 교인들 역시 집에서 부부싸움을 하고 왔어도 교회에 와서는 전혀 그런 일이 없었던 것처럼 밝은 목소리로 누군가와 대화하고 미소를 지어야 한다. 이런 사람들이 모인 교회는 위장 공동체이다.[123]

누구나 삶의 뚜껑을 열고 들여다보면 그 삶이 모순투성이이고상처투성이다. 모두 다 불완전하다. 그 불완전함을 서로 돕고 격려하며 아파하고 보듬는 것이 진정한 공동체이다. 과연 우리 교회는 삶의 폭풍을 피해 찾아오는 자들의 피난처인가? 사랑이 그리운 자들이 하나님의 사랑을 느낄 수 있는 곳인가? 눈물을 흘리며 찾아오는 자들이 위로받을 수 있는 곳인가? 수고하고 무거운 짐을 진 자들이 안식할 수 있는 곳인가? 마음 놓고 울 수 있는 곳인가? 가면이 필요 없고 진실함이 통하는 곳인가? 지연, 혈연, 학연에서 자유로운 곳인가?

우리가 꿈꾸는 교회는 이 모든 질문에 "그렇다."라고 대답할 수 있는 곳이다. 과연 우리는 이런 교회를 만들 수 있을까? 이는 주 안에서만 가능하다고 믿는다. 우리는 작지만 주님의 치유가 일어나 영적으로 건강한 교회, 그리스도인다운 삶으로써 어두운 세상에 복음의 빛을 비추는 교회, 한 영혼에 지대한 관심을 갖고 사랑하며 돌보는 교회를 세우고 싶다. 우리는 작지만 영향력 있는 교회를 마음에 그리며 날마다 꿈을 꾸며 산다. 우리는 꿈을 꾸지만 현실을 망각하지 않는다. 우리는 현실을 직시하면서 꿈을 이루는 길을 찾고자 한다.

그렇다면 지금 한국 교회의 현실은 어떤가? 외형적으로 빠르게 성장하는 시대는 이미 끝이 났다. 갑작스럽게 맞이한 정체기가 계속되고 있다. 성도 수가 감소하고 있는 상황에서 전도도 잘되지 않는다. 게다가 사회적 공신력까지 잃어버렸고, 기독교의 위상은 바닥까지 추락했다. 남 탓을 하지 말자. 우리에게도 책임이 있다. 한국 교회의 모습에 실망한 사람들은 묻는다. '기독교는 아직 믿을 만

한 종교인가?', '나는 계속 교회에 가야 하는가?'

지금 한국 교회는 위기 속에서 변화해야 하는 중대한 전환기를 맞이했다. 위기(危機)는 위험(危險)하지만, 기회(機會)를 가져오기도 한다. 우리가 어떻게 하느냐에 따라 우리가 직면한 위기는 얼마든지 기회가 될 수 있다. 지금 이 시대의 모든 교회에 주어진 과제는 교회의 이미지를 새롭게 하는 것이다. 이것은 조직이나 프로그램 등과 같이 외형을 바꾸는 것이 아니라 교회의 본질에 충실하여 교회다워지는 것이다.

큰 교회는 큰 교회대로, 작은 교회는 작은 대로, 모든 교회가 책임 의식을 가지고 교회다운 교회가 되기 위해 뼈를 깎는 노력을 해야 한다. 오늘날 교회를 뿌리 채 흔드는 물량주의, 기복주의, 세속주의를 철저히 배격하고 하나님의 말씀에 깊이 뿌리를 내림으로써 순수하고 성숙한 공동체를 만들어야 한다. 고속 성장 시대에 나타난 모든 문제를 반성하고 잘못된 것은 과감히 내버리며 다시 시작해야 한다. 그럴 때 한국 교회는 다시 세상의 희망이 될 수 있다.

지금까지는 서로 경쟁하면서 오로지 자신의 교회를 성장시키기 위해 달려왔지만 이제는 모든 교회가 함께 손을 잡고 마음을 같이해서 복음을 전해야만 한다. 교회는 자신들이 가진 것을 나눔으로써 스스로 가난해져야 한다. 자신만의 이익과 성공을 위해 꽉 쥐었던 주먹을 펴서 도움이 필요한 이웃을 돌아보고 우리가 가진 것들을 조금씩이나마 나누어야 한다. 나눔과 섬김은 기독교의 핵심 가치이고, 복음적 삶의 실천이며, 궁극적으로는 보이지 않는 영적 세계를 보여 주는 일이다.

예수님은 누구신가? 예수님은 병들고 상처받은 영혼들을 치유하고 회복시키기 위해 이 땅에 오셨다. 낮은 자의 모습으로 낮은 자리에 오셨다. 예수님은 이 세상에 계실 때 죄인들과 어울리며 그들의 친구로 사셨다. 병든 자들에게는 의사가 되셨고, 우는 자들에게는 위로자가 되셨으며, 소외당한 자들에게는 선한 이웃이 되셨다. 우리가 꿈꾸는 교회를 현실 속의 교회로 만드는 방법은 예수님을 본받는 것이다.

이제 예수님처럼 낮은 자리에서 섬기는 교회가 되자. 상처 입은 자들의 아픔을 싸매 주고, 갈증을 풀어 주는 교회가 되자. 우는 자들과 함께 울 수 있는 교회가 되자. 온유하고 겸손한 마음으로 이웃과 소통하는 교회가 되자. 그럴 때 교회는 다시 세상 사람에게 칭송을 들을 수 있고, 세상의 희망이 될 수 있다.

걸림돌이
되지 말고
디딤돌이 되자

우리는 인생을 살면서 수많은 돌들을 만나게 된다. 커다란 돌들이 건너기 힘든 냇가를 건널 수 있는 징검다리가 되어 준다면, 그 돌들은 분명 디딤돌이다. 그러나 같은 돌이 길 가운데 있어 지나가는 사람들에게 불편을 준다면 그것은 걸림돌이다. 사람들 중에는 다른 사람을 도와주는 디딤돌과 같은 존재가 있는가 하면 넘어지게 하는 걸림돌과 같은 존재가 있다. 그리스도인은 서로에게 디딤돌과 같은 존재가 되어야 한다.

그렇다면 성경에서 우리가 주목할 만한 디딤돌 같은 인물로는 누가 있을까? 이스라엘의 열두 정탐꾼 중에 가나안 정복을 주장했던 두 사람은 "갈렙"과 "여호수아"였다. 갈렙이 먼저 나섰고, 그다음에는 여호수아가 나섰다(민 13:30, 14:6-9). 갈렙과 여호수아는 모세의 뒤를 이어 이스라엘을 이끌어 갈 유력한 차기 지도자였다. 하나님은 스무 살이 넘는 이스라엘 백성 중 가나안에 들어갈 수 있는 사람으로 갈렙과 여호수아를 지명하셨는데, 먼저는 갈렙을 호명하셨다(민 14:30).

그런데 하나님은 갈렙이 아닌 여호수아에게 기름을 부으셨다. 갈렙은 인간적으로 섭섭할 수 있었고, 시기심도 느낄 수 있었다. 그러나 갈렙은 하나님께서 하신 일에 대해서 조금도 이의를 갖지 않았고 그대로 인정했다. 가나안 정복 전쟁을 하는 동안 여호수아의 권위에 도전하는 일을 하지 않았고, 철저하게 질서에 순응하며, 여호수아가 지도자로서의 역할을 잘 수행할 수 있도록 디딤돌 역할을 해 주었다.

사무엘 선지자는 백성들에게 존경을 받았다. 모든 백성이 그를 하나님이 함께하시는 선지자로 알고, 그의 말을 따랐다. 백성이 왕을 원할 때 자신이 왕이 되겠다고 말한다면 그는 온 백성에게 박수를 받으면서 이스라엘의 왕이 될 수 있었다. 하지만 그는 왕이 되려 하지 않았다. 사무엘은 자신이 물러나야 할 때를 알았다. 그는 사울을 왕으로 세우는 데 자신이 디딤돌이 되어 주었고, 자신은 역사의 뒷전으로 사라졌다.

사도행전에 나오는 바나바도 디딤돌 역할을 하면서 스스로 뒤로 숨을 줄 아는 사람이었다. 그는 안디옥교회의 첫 번째 지도자였다. 예루살렘교회에서 안디옥교회로 파송받았는데 그는 안디옥교회를 부흥시켰다. 교회가 커지자 바나바는 바울(사울)을 불러와 교회를 함께 섬겼다. 그 결과 안디옥교회는 더욱 성장했고 세상 사람들에게 "그리스도인"이라는 칭호를 받을 만큼 모범적인 교회가 되었다(행 11:26). 안디옥교회는 바나바와 바울을 선교사로 파송했다. 선교사로 처음 파송받았을 때는 바나바가 선배로서 바울을 이끌며 사역했다(행 13:2,7). 그러나 선교가 본격적으로 시작되면서 바울의 이름이 역사의 전면에 나타났다(행 13:13). 하지만 바나바는 바울에 대해 어떤 불평도 하지 않았다.

어떻게 보면 바울에게 바나바는 신앙의 은인이나 다름없었다. 아무도 바울의 회심을 믿어 주지 않았을 때 그를 믿어 주었던 사람이 바나바였다. 아무도 바울과 함께 사역하려 하지 않을 때에도 바나바는 바울을 안디옥교회로 불러 함께 사역했다. 그런데도 바나바는 바울에게 은인으로서의 어떤 대우를 받으려 하거나, 자신이 바울보다 더 나은 사람이라는 것을 드러내려고 하지 않았다. 이처럼 디딤돌 인생은 다른 사람은 높이지만 자신은 낮추며 영광의 자리에서 조용히 물러날 줄 아는 것이다.

이것이 우리가 본받아야 할 그리스도인의 삶의 모습이다. 우리가 디딤돌로 살려면 자신을 다른 사람을 위한 발판으로 내놓아야 한다. 그러나 우리가 사는 세상은 다른 사람을 짓밟고서라도 내가 더 높은 자리에 서야 성공하는 인생을 살 수 있다고 가르친다. 자신을 다른 사람의 발에 밟히는 발판으로 내놓으려고 하지 않는다. 오히려 나를 위해 다른 사람의 희생을 강요한다.

디딤돌로 사는 사람은 다른 사람의 희생을 강요하는 것이 아니라 내가 먼저 그의 희생물이 되어 준다. 예수님이 그렇게 사셨다. 예수님은 우리에게 자신을 위해 우리의 생명을 바칠 것을 요구하지 않으시고, 오히려 자신이 먼저 우리를 위해 생명을 내어 주셨다. 우리에게 "나를 사랑하라."고 요구하지 않으시고, 자신이 먼저 우리를 사랑해 주셨다. 우리를 위해서 먼저 모든 것을 버리셨다.

우리가 인생을 살면서 나의 존재가 다른 사람에게 피해를 주고 넘어뜨리는 걸림돌이 된다면 슬픈 일이다. 우리를 통해 누군가가 용기를 얻고, 힘을 얻을 수 있는 존재가 되어야 한다. 그렇다면 나는 주변 사람들에게 걸림돌일까, 아니면 디딤돌일까? 더 나아가 우리 교회는 다른 교회에 걸림돌일까, 아니면 디딤돌일까?

작은 교회 입장에서 볼 때 큰 교회는 작은 교회의 존립을 위협하는 존재로서 걸림돌로 여겨진다. 큰 교회에서 대대적으로 총동원 전도 행사를 하면 그 지역의 작은 교회들은 비상이 걸린다. 불신자를 초청하는 행사이지만 현실은 그렇지 않다. 총동원 행사는 성도 간에 품앗이 행사가 되어 버린다. 직장 사정상 한 차례 드려지는 주일 낮 예배에 참여하기 어려운 성도들은 새벽부터 밤까지 예배를 운영하는 큰 교회로 갈 수밖에 없다. 큰 교회로 가겠다는 성도들을 붙잡지 못하고 돌아서서 눈물을 흘리는 목회자들이 얼마나 많은지 모른다.

또한 요즘 언론에 부정적으로 비쳐지는 몇몇 큰 교회들, 또 사람들의 구설수에 오르내리는 큰 교회 목회자들 때문에 교회 이미지가 나빠져서 전도가 더 어려워지고 있다. 작은 교회의 입장에서는 이런 일들이 안타까울 뿐만 아니라 큰 교회들이 한국 교회를 대표한다는 점에서 매우 불만족스럽다. 큰 교회에서 개혁의 기미가 보이지 않는 한 큰 교회는 여전히 전도의 걸림돌로 여겨질 수밖에 없다.

그러나 큰 교회의 입장에서 볼 때 작은 교회는 존립 자체에 연연하여 교회의 기능을 발휘하지 못하는 교회, 혹은 사회에서 영향력을 나타내지 못하는 교회로 여겨지기도 한다. 작은 교회가 큰 교회를 향해 문제가 많다고 지적하면 아마 큰 교회는 작은 교회가 더 문제가 많다고 할 것이다. 작은 교회에도 부족함이 있는 것은 사실이다. 큰 교회는 크기 때문에 드러나서 그런 것이고, 작은 교회는 작아서 거론되지 않을 뿐이다.

개구리와 쥐가 함께 살고 있었다. 쥐는 물속에 들어갈 수 없었기에 언제나 개구리와 연못 밖에서 함께 놀곤 했다. 그러던 어느 날 개구리는 몹시 심심해서 쥐를 골려 주고 싶었다. "쥐야, 난 땅 위에서는 빨리 다니지 못하잖아. 그러니까 우리 발 한쪽을 끈으로 묶어두면 어떨까?" "좋아. 그거 괜찮은 방법인 것 같다." 개구리와 쥐는 발 한쪽씩을 끈으로 묶은 다음 보리밭에 가서 놀고 큰 길가에 가서 놀았다.

그런데 갑자기 개구리가 연못 쪽으로 가까이 다가갔다. 쥐가 걱정이 되어 말했다. "안 돼! 나는 물에 들어갈 수가 없단 말이야." 하지만 개구리는 들은 척도 하지 않고 물속으로 풍덩 뛰어들고 말았다. 그 바람에 개구리와 한쪽 발이 묶여 있던 쥐는 물속에 빠져 허우적거리다가 그만 죽고 말았다. 그때 하늘을 날던 솔개가 물 위에 떠 있는 쥐를 발견하고는 순식간에 쥐를 낚아채 올렸다. 그러자 다리가 묶여 있던 개구리도 쥐와 함께 공중으로 높이 따라 올라갔다. "살려 주세요!" 놀란 개구리가 큰 소리로 외쳤지만 솔개는 더 높이 날아갈 뿐이었다.

교인 간에, 교회 간에, 교단 간에도 갈등하고 다투는 일이 있을 수 있다. 심할 경우는 법정으로까지 간다. 바울은 서로 다투는 것이 결코 현명하지 못하다고 말하며, 이렇게 경고한다. "만일 서로 물고 먹으면 피차 멸망할까 조심하라"(갈 5:15). 갈등으로 생긴 간극(間隙)은 메워져야 한다. 그렇게 되려면 서로에게 걸림돌이 아니라 디딤돌이 되어야겠다는 생각을 해야 한다. 디딤돌이 되기 위해서는 어떻게 해야 할까? 먼저는 상대방의 입장을 이해할 수 있어야 한다.

한경직 목사님이 즐겨 쓰는 말 중에 "그 말도 일리가 있습니다." 라는 말은 값진 보물과 같은 말이다. 평범한 말이지만 이 말은 한경직 목사님이 겪어온 수많은 인간관계에서 원만한 결과를 가져다준 열쇠라고 할 수 있다.

1970년 초기에 한경직 목사님이 미국에 간 일이 있다. 이 시기에 미국에서는 반한단체에 대한 물의가 있었다. 그래서 미국에 사는 교포들 중에는 한국에서 오는 저명한 인사들을 좋지 않게 여기는 경우가 있었다. 그런데 그 반대 시위가 교회에서 설교 중에 일어났다. 이 일을 벌인 사람들 중에는 옛 친구인 어느 장로도 있었다고 한다. 그날 밤 이 소식을 들은 몇몇 목사들은 한경직 목사님께 위로의 말을 전하려고 왔다. 그런데 한경직 목사님이 그들에게 한 말은 너무나도 뜻밖이었다. "그 사람들이 하는 말도 일리가 있습니다." 이날 밤 한경직 목사님을 위로하려고 찾아갔던 목사들은 도리어 위로를 받고 돌아왔다고 한다. "그 사람들이 하는 말도 일리가 있습니다."라는 말은 상대방의 어떤 말도 수용하는 말이었다. 한경직 목사님은 이 명언으로 안 되는 일도 되게 만들었고, 자신을 싫어하는 사람도 자기의 사람으로 만들었다.[124]

작은 교회는 큰 교회를 걸림돌로 여기며 도에 지나치게 비판하는 것을 자제해야 한다. 우리가 하나님을 대신하려 해서는 안 된다. 요즘 큰 교회들을 모조리 싸잡아서 비판하는 경향이 있는데, 사실 모든 큰 교회가 문제가 있는 것은 아니다. 설혹 불만스러운 점이 있다고 할지라도 큰 교회가 하나님의 뜻에 따라 세워진 것을 믿고 합당한 역할을 기대하며 기도해야 한다. 또한 큰 교회는 작은 교회를 불필요한 것으로 여기지 말아야 한다. 만에 하나, 작은 교회가 정말 문제라고 하더라도 그 존재성이 엄연한 이상 그냥 무시하고 외면하기보다는 작은 교회가 안고 있는 문제를 해결해 주는 디딤돌 역할을 해 주어야 한다.

요즘 인터넷을 통해 교회에 관한 기사들을 보면 민망스러울 정
도로 부정적이다. 경쟁하듯 대안 없는 비판들을 쏟아 낸다. 과연 그
비판이 교회의 발전을 위한 디딤돌일지 의구심이 든다. 교회를 개
혁하겠노라고 나서는 사람들이 너무 많지만 오직 자신만이 옳고,
자신만이 의인인양 비판의 칼을 휘두른다. 우리는 먼저 자신을 돌
아보아야 하고, 자신의 비판이 어떤 결과를 가져올 것인지 생각해
보아야 한다.

경건한 삶을 살았던 한 사람이 친구에게 말했다. "나도 이제 늙
었어." 그러자 친구는 "하지만 자네는 경건한 삶을 살았고 우리는
자네가 오랜 세월을 매일같이 하나님께 기도드린 것을 알고 있네.
그동안 무슨 기도를 드렸나?"라고 물었다. "젊음이 넘칠 당시에 나
는 하나님께 이 세상을 변화시킬 능력을 달라고 기도했네. 하지만
시간이 지나자 그것이 불가능하다는 것을 깨달았네. 그 후 나는 사
람들을 변화시킬 능력을 달라고 기도했지. 그런데 이제 나이가 들
자 기도가 더 간단해졌네. 이제야 처음 내가 기도할 것을 알게 되었
네." "그래, 이제 무슨 기도를 하는가?" "내 자신을 변화시켜 달라
고 기도하네."[125]

개혁이 힘든 것은 자신이 개혁돼야 하기 때문이다. 개혁은 제도
나 교단의 변화에서 시작하지 않는다. 자신이 개혁돼야 하고, 개혁
자로 살아야 한다. 내가 먼저 양보하고, 손해를 봐야 한다. 그렇게
되면 나의 권리를 포기해야 할 수도 있다. 하지만 남 탓만 하면서

말로만 부르짖는 개혁과 대안 없는 비판은 교회에 부정적인 영향만 줄 뿐이다.

지금 한국 교회의 상황은 뒤엉킨 실타래와 같다. 서로 개혁하겠다고 흥분하여 서두르면 더 꼬이고 엉키게 된다. 일도양단(一刀兩斷)을 주장하는 사람도 있겠지만 그럴 수 있는 의인은 하나도 없다(롬 3:10). 격앙된 목소리를 조금 낮추고 분노를 가라앉혀 차분하게 문제의 본질을 찾아야 한다. 죄인을 구원하신 은혜에 주체할 수 없이 감격하고, "내 탓이요."라고 외치며, 먼저 개혁의 대상에 자신을 포함시키는 원숙한 개혁자를 통해 한국 교회의 개혁의 실마리가 풀리는 날을 기대해 본다.

교회 개척의 새로운 대안

　지금까지의 교회 개척은 주로 목회자 개인에 의해 이루어졌다. 교회 개척은 기존 교회가 해야 하는 일이지만 기존 교회에서 하지 않기 때문에 개척을 꿈꾸는 부교역자들이 단독으로 개척하는 상황이 보편화되었다. 그러다 보니 기존 교회는 그것을 당연하게 여기는 잘못된 관례가 생겼다. 일부 큰 교회에서는 개척하는 부교역자에게 어느 정도 자금을 지원해 주고 있지만, 어떤 교회에서는 부교역자의 개척으로 교인 중 일부가 이동하면서 지원은커녕 담임목사와 갈등을 빚고 등지기도 한다.

　요즘 사람들은 지하에 개척한 교회를 싫어한다. 그러나 이러한 사실을 잘 알면서도 섬기던 교회에서 지원을 받지 못해 어쩔 수 없이 상가 지하로 간다. 개척에 동참한 교인들은 습기 차고 지하실 특유의 냄새가 나는 지하 교회를 부끄러워해서 적극적으로 사람들을 전도하지 못한다. 결국 지하 예배실에서 개척한 지 3년, 5년이 되도록 가족과 몇몇 교인을 앉혀 놓고 설교하는 것이 오늘날의 지하 미자립 교회의 현실이다.

그런데 이런 모습을 보면서도 목회자들은 여전히 미자립 교회가 될 수밖에 없는 수준의 교회 개척을 한다. 각자 믿음으로 하는 일이라 말릴 수도 없지만 결국 미자립 교회의 숫자만 점점 늘어난다. 게다가 각 교단 신학교에서는 매년 수천 명의 졸업생을 배출하고 있다. 이들은 어디서 어떻게 사역을 해야 할까? 현재로서는 이 상황에 대한 적절한 답이 없다. 하나님께 부르심을 받았으니 하나님 앞에 기도하고 인도하심을 받아야 할 것이다.

Y 목사는 1985년부터 6년 동안 전남 광주에서 부교역자로 사역했다. 그 무렵 Y 목사는 지방 교회들이 부교역자를 구하기가 얼마나 어려운 일인지 지켜보았다. 당시에는 그 교단에 지방 신학교가 없었다. 그래서 서울에 있는 신학교 졸업생들을 불러와야 했는데, 지방으로 오려는 사람은 거의 없었다. 어쩌다 와도 조건이 안 좋으면 왔다가도 가 버렸다. Y 목사는 이런 일을 경험한 후부터 신학교에서 강의할 때 신학생들에게 입으로만 "부름받아 나선 이 몸 어디든지 가오리다"를 찬송하지 말라고 쓴 소리를 한 적이 있다.

신학교를 나왔는데 아직 싱글의 몸이라면 지역이나 조건을 따지지 말고 자신을 필요로 하는 곳에 가서 일해야 한다. 마음에 드는 목회지가 없다고 해서 무위도식함으로 세상의 웃음거리가 되지 말아야 한다. 아직 젊고 헌신할 각오가 되어 있다면 개척을 해 보겠다는 정신으로 교회가 적은 곳, 복음화 비율이 낮은 곳 그리고 해외 선교지로 나갈 수 있어야 한다. 그곳이 변두리처럼 느껴질 수 있다. 그러나 나사렛, 베들레헴, 골고다 모두가 변두리 지역이었다는 것을 기억하라.

J 목사는 이천 안평성은교회와 철원 성산교회에서 담임목사로 섬긴 후 서울 삼양교회에서 부목사로 사역했다. 이때 J 목사는 도시 교회에서 목회를 배우고 다시 담임 목회를 하려고 했는데 계획에 차질이 생겼다. 하나님께서 러시아 선교사로 부르신 것이었다. 그는 하나님의 부르심을 거절할 수 없었다. 모든 환경이 선교사로 떠나도록 조성되었기 때문이다. 그는 기도한 후에 젊었을 때 고생해서라도 복음을 전해 보자는 결단을 내리고, 결국 러시아로 향했다.

러시아로 간 J 목사는 주일이 되어 예배 장소로 갔다. 그들은 슈콜라(학교) 교실 한 칸을 빌려 예배 장소로 사용하고 있었다. 어른 세 사람과 어린이 10여 명이 모여 있었다. 40여 명이 있다고 듣고 왔는데 사실 개척과 다름이 없었다. 주일 예배를 마치고 돌아올 때는 자신감이 더 사라졌다. 언어가 통하지 않고, 문화가 다른 곳에서 전도할 자신이 없었다. 그래서 2-3개월은 마음을 놓은 채 지냈다.

하나님은 이런 나의 모습을 보시고 용기를 주셨다. 1995년은 하나님이 나를 업고 가신 한 해였다. 주일 예배 때 사람들을 보내 주시기 시작했다. 예배 장소도 슈콜라 강당으로 옮겼다. 6개월이 되었을 때 50여 명이 예배를 드렸다. 마음속에 '해 볼만 하구나.'라는 생각이 들었다. 하나님은 나에게 용기를 내라고 계속 사람들을 보내 주셨다. 연말이 되었을 때는 성도가 100여 명으로 늘어났다. 선물이 없고, 외부 전도가 없는 상황에 이런 일은 기적이었다.

1997년에는 하나님께서 다시 기적을 베푸신 한 해였다. 하나님은 후원 교회를 통해 헌금을 보내 오셨다. 한국에 나갔을 때 교회에 가서 러시아에 성전 건축이 필요하다고 설교하고 왔는데, 1억이 넘는 헌금이 걷혔다는 소식을 듣게 되었다. 옥합을 깨뜨린 성도들 덕분에 러시아에 유치원 2층 건물을 구입하여 1층은 교육관(70평)으로 2층은 예배당(35평)과 식당(35평)으로 개조하여 봉헌할 수 있었다. J 목사는 1994년부터 2001년까지 러시아에서 선교하면서 교회를 세웠으며, 한국으로 돌아올 때는 현지 후임자에게 모든 것을 물려주고 빈손으로 돌아왔다.

하나님은 우리를 어디로 부르실지 모른다. 가장 가깝지만 가장 먼 선교지가 있는데 그곳은 바로 북한이다. 통일에 대한 기대감이 점점 높아지고 있기에 어느 날 갑자기 통일이 이루어질 수 있다. 북한 선교의 문이 열리면 그때는 신학생과 목회자가 부족할 수 있다. 앞으로 한국 교회는 통일과 북한 선교의 비전을 품고 있어야 하고, 목회를 꿈꾸는 신학생과 교회 개척을 희망하는 목회자는 북한에 교회를 재건하기 위해서도 준비하고 있어야한다.

아울러 우리는 중국 교회를 도와줄 수 있어야 한다. 왜냐하면 이제 중국은 피선교지 상태에서 벗어났기 때문이다. 이제는 동반 선교를 해야 한다. 우리가 중국 교회를 위해 해야 할 일은 그들을 복음화하는 것이 아니라 그들이 10/40 창을 복음화할 수 있도록 신학적 소양을 쌓게 하는 일이다. 그들은 영적으로 이미 준비되어 있는 사람들이기 때문에 신학적으로 부족한 부분만 도와주면 된다.

하나님께서 우리를 부르셨다면 반드시 우리가 해야 할 일을 주신다. 그런데 내 생각으로 가득 차 있으면 그 일은 눈에 들어오지 않는다. 이제는 교회 성장을 갈망하거나 세상에서 추구하는 성공 따위의 인간적인 계획을 다 내려놓아야 한다. 오직 주님의 인도하심을 바라보아야 한다. 그렇다면 길이 보일 것이다.

현실적으로 한국 교회의 미래를 위해 가장 중요하게 다루어야 할 것은 교회를 개척하는 방법이다. 교회 개척이 계속해서 필요하다면 어떻게 개척하는 것이 옳은 것일까? 이제는 교회 개척의 패러다임을 바꾸어 교회가 교회를 개척해야 한다. 처음부터 불신자 한 사람씩 전도하여 교회를 개척하는 것도 보람 있는 일이지만 보다 효과적인 열매를 맺기 위해서는 기존 성도들을 참여시키는 분립 개척이 가장 바람직하다. 이것은 우리만의 생각이 아니다. 분립 개척이라는 대안이 등장한 지는 꽤 오래되었지만 이는 최근에 와서야 실천 단계에 들어섰다. 우리는 분립 개척을 원했지만 우리에게는 그런 기회가 주어지지 않았다.

분립 개척은 초대형 교회들이 이미 오래 전부터 시작했다. 그런데 현실적으로 보면 분립 개척과 지교회의 개념이 모호하다는 이유로 논란이 되고 있다. 왜냐하면 분립 개척이 힘 있는 교회가 문어발식 확장으로 지교회를 하나 더 만든다는 생각을 갖게 하고, 또 본부는 따로 있으면서 파견 부대를 하나 더 만든다는 생각도 지울 수 없게 만들기 때문이다.[126] 이것은 진정한 분립이 아니다. 멀리서 오는 교인들을 한 명이라도 다른 교회에 빼앗기지 않게 하는 대형 교회의 꼼수에 불과하다.

최근에 몇몇 교회에서는 분립 개척을 실천하면서 신선한 바람을 일으키고 있다. 경기도 고양시에 있는 거룩한빛광성교회는 18년간 교회 16개를 분립 개척했다. 이 교회는 규모가 커질 만하면 부목사에게 개척할 기회를 주었다. 지원금 1억-10억은 물론 성도들까지 딸려서 독립시켰다.[127] 거룩한빛광성교회를 담임하고 있는 J 목사는 "모든 교회는 하나"라는 공교회 정신으로 작은 교회를 돕기 위해 노력하며, 지역의 거점 교회들이 작은 교회와 네트워크를 형성하여 인적·물적 지원을 하는 방식으로 작은 교회 세우기 운동을 펼치고 있다.[128]

우리가 주목하는 또 하나의 교회는 인천에 위치한 비전교회이다. 우리가 이 교회를 주목한 것은 600여 명이 모이는 단계에서 분립을 시작했기 때문이다. 이 교회가 분립 개척한 내용은 『상가 교회에 희망을 주는 비전교회 이야기』라는 책에서 자세히 소개하고 있다. 비전교회의 L 목사는 "현재 상황에서 가장 효과적인 개척은 교회가 교회를 개척하는 것이다."라고 하면서 자신의 모토를 이렇게 밝혔다.

> 생명체의 특성은 번식이다. 그 한계를 초월한 성장은 비대해지는 것이지 성장이 아니다. 지구상에 복음을 전하는 가장 좋은 방법은 교회 개척이다. 그래서 우리 교회는 큰 교회를 지향하지 않는다. 작지만 강한 교회, 그것이 우리의 모토이다. [129]

한국 교회의 문제점으로 지적받고 있는 수평 이동, 문어발식 확장, 성장 지상주의, 성도 쟁탈전 등은 엄밀하게 말해서 하나님 나라 확장과는 거리가 멀다. 이것을 깨달은 L 목사는 욕심을 부리지 않았다. 그랬기 때문에 하나님 나라 확장을 위한 가장 좋은 방법을 택할 수 있었다. 욕심을 부리면 추해진다. 더 이상 욕심을 부리지 말고 작지만 강한 교회를 지향해야 한다.

어느 교회든 성장에는 한계가 있다. 이론적으로나 경험적으로 볼 때 예배당의 80% 정도가 채워지면 한계에 이르렀다고 볼 수 있다. 그렇다면 교인들은 더 이상 전도하려 하지 않기 때문에 성장이 멈춘다. 따라서 한계에 이르렀다고 판단될 때에 교회 확장이나 새로운 교회 건축이 아닌 분립을 시도하는 것이 바람직하다. 서서히 한국 교회에 분립 개척의 바람이 불어오는 것 같다. 작은 교회와 소공동체를 유지하기 위해 150명이 모이면 분립하기로 아예 교회 규약에 명시해 놓은 교회도 있고[130], 2007년에 개척한 어느 교회는 20명이 넘으면 분립하는 것을 반복해 2014년 현재까지 5개로 나뉘었다.[131]

분립 개척은 하나의 지역 교회보다는 하나님 나라가 더 중요하다고 믿는 신학에 기초한다. 자신이 목회하는 교회 성도를 떼어 새로운 교회를 개척하기 위해 보낸다는 것은 결코 쉬운 일이 아니다. 때로는 자기 살을 떼어 내는 것과 같은 아픔이 있다. 하지만 분립 개척의 필요를 아는 교회에서는 그 일을 한다. 개교회 성장보다 더 중요한 것이 하나님 나라의 성장이라고 믿기 때문이다.[132]

2008년 4, 5월호 「목회와 신학」에서는 연속으로 "교회를 개척하는 교회"를 특집으로 다루었다. 여기서는 미국 남침례교단의 노스우드(Northwood)교회의 밥 로버츠(Bob Roberts) 목사를 한국 교회에 소개했다. 그는 처음에는 지역에서 가장 큰 교회를 세우겠다는 목표를 세웠지만 산상수훈을 읽으면서 지역에 하나님 나라를 만들겠다고 다짐하며 교회 개척 사역을 시작했다. 그는 자신의 변화를 이렇게 말한다.

그날 나에게 큰 변혁이 온 것이다. 한 지역 교회의 목사로서가 아니라 선교사로서 지역을 바라보기 시작한 것이다. 목회자는 보통 자기 교회를 중심으로 사역한다. 그러나 선교사는 우주적인 교회로 교회를 생각한다. 이제부터 한 교회를 크게 팽창시키는 것이 아니라 온 지역을 다니며 교회가 없는 지역에 교회가 있도록 만드는 것이 목표가 된 것이다.[133]

이후 밥 로버츠 목사는 미국에만 100개가 넘는 교회를 세웠고, 세계 곳곳에 교회를 개척하며 전 세계와 연결된 사역을 하고 있다. 밥 로버츠 목사의 사역은 개교회주의적 성장을 강조하는 교회에는 충격적일 수 있다. 그러나 이러한 교회야말로 진정 성서적인 교회이며, 이 세상을 변화시킬 수 있는 힘을 지닌 교회이다.[134]

이제 한국 교회는 교회의 본질적인 주제인 하나님 나라 건설에 초점을 맞추어야 한다. 교회의 바벨탑 쌓기를 그치고, 개교회 성장주의를 지양하며, 순수하게 오직 영혼 구원과 이 세상에서의 하나님 나라의 확장을 위해 과감히 방향을 전환해야 한다.

이를 위해 기독교 언론의 역할이 중요하다고 생각한다. 기독교 언론은 분립 개척의 모범 사례를 널리 소개함으로써 한국 교회를 선도할 필요가 있다.

에필로그

작은 교회 목회자로
산다는 것

우리의 글은 완성된 것이 아니다. 아직은 부족하기에 합력하여
선을 만들어 나가야 한다(롬 8:28). 그렇기에 이 책은 누구에게나
열려 있다. 우리가 제안한 작은 교회에 대한 대안이 또 다른 사람들
을 통해 융합되어 더 효율적인 대안이 제시될 수 있기를 바란다.

우리는 이 책을 쓰면서 무엇보다도 우리 자신을 위해 작은 교회
목회의 의미를 찾고, 더 나아가 작은 교회를 섬기는 목회자와 성도
들에게 자부심과 희망을 주고자 했다. 우리의 목회가 부족하더라도
변명하거나 합리화하지 않고 큰 교회의 역할과 한국 교회의 미래까
지 생각하며 실제적인 대안을 찾으려고 노력했다. 많은 생각이 있
었지만 막상 글로 표현하고 보니 부족한 부분이 많은 것 같다.

하지만 우리는 이 책을 쓰면서 작은 교회의 정체성을 확고히 하

고, 작은 교회 목회자로 산다는 것이 무엇인지 알 수 있게 되었다. 우리는 일용할 양식을 구하며 하루를 사는 법을 배웠고, 어떤 환경에서도 자족할 수 있게 되었으며, 비움과 내려놓음과 낮아짐과 섬김을 추구하게 되었고, 작은 것의 가치와 한 영혼의 소중함을 깨닫게 되었으며, 오래 기다릴 줄 알게 되었고, 영원한 하늘나라만을 바라볼 수 있게 되었다.

우리는 하나님이 작은 교회도 사랑하신다고 믿는다. 큰 교회의 화려한 모습에 비한다면 작은 교회는 상대적으로 더욱 초라해 보인다. 한국에서 작은 교회 목회를 한다는 것은 쉬운 일이 아니다. 오늘날 한국 상황에서는 '외국에 가서 선교하는 일보다도 더 힘들다'는 말이 결코 과장된 것은 아니다. 선교사는 후원해 주는 교회가 있지만 작은 교회는 이 모든 것을 스스로 해결해 나가야 하기 때문이다. 그렇다고 해서 우리는 작은 교회 목회자가 불행하다고 생각하지는 않는다. 작은 꽃도 꽃인 것처럼 작은 교회도 교회다. 비록 열악한 시설과 좁은 공간 때문에 다수의 사람에게 인기는 없을지라도 작은 교회가 죽은 것은 아니다. 오해를 불러일으키는 "작은 교회 살리기"라는 용어는 이제 사라졌으면 좋겠다. 작은 교회를 미화하여 "작은 교회가 더 아름답다."라고 말하는 것도 지나친 말이다. 작은 교회는 그저 작을 뿐이다.

작은 교회 목회의 어려움은 목회자의 삶이 적나라하게 드러나는 것이다. 이것은 단점이면서 동시에 장점이다. 오히려 영성이 깊어지기 때문이다. 왜 그럴까? 작은 교회는 목회자의 순수한 희생 없이는 존립이 불가능할 뿐 아니라 목회자 자신의 변화와 모범 없이는 목회가 이루어질 수 없기 때문이다. 작은 교회 목회자는 교인들과 가까이 지내기 때문에 삶의 모든 모습이 그대로 다 드러난다. '척'할 수 없다. 조금이라도 자신의 삶에서 벗어난 과장된 설교를 할 수 없다. 작은 교회에서의 목회는 복음에 합당하게 살아야만 가능하다.

우리는 하나님의 뜻이라면 작은 교회의 목회도 좋다고 생각한다. 현실적으로 힘들기는 하지만 작은 교회도 좋은 점이 많기 때문이다. 작은 교회만이 할 수 있는 일이 있고, 작은 교회만이 누릴 수 있는 것이 있다. 친밀한 가족 공동체이어서 분위기가 좋다. 성도 간의 교통과 목회자와의 인격적 관계를 맺기에도 작은 교회가 안성맞춤이다. 작은 교회 목회자는 한 사람도 빠뜨리지 않고 모든 성도를 아우르며 기도한다. 진실로 목자의 심정으로 성도들을 대한다.

작은 교회에서 목회한다고 해서 우리는 안주하지 않는다. 안락함보다는 불편함을 감수하고, 넓고 편안한 길보다는 좁고 어려운 길을 갈 것이다. 익숙한 것과 결별하고 변화하기 위해 도전할 것이다. 이 땅에 하나님의 나라가 이루어질 때까지, 또 하나님 앞에 부름받는 그날까지 우리가 할 수 있는 작은 일에 최선을 다할 것이다.

샛강이 살아야 큰 강이 살고 중소기업이 살아야 나라가 사는 것처럼, 한국 교회가 이 나라의 희망이 되려면 작은 교회가 힘차게 일어나야 한다. 주님께서 이렇게 말씀하신다. "네가 죽도록 충성하라 그리하면 내가 생명의 관을 네게 주리라"(계 2:10). 우리에게 주어진 달란트가 많으면 많은 대로, 적으면 적은대로 충성하면 된다.

하나님은 주신 만큼 요구하신다. "무릇 많이 받은 자에게는 많이 요구할 것이요 많이 맡은 자에게는 많이 달라 할 것이니라"(눅 12:48). 그러므로 많이 받는 것이 꼭 좋은 것만은 아니다. 그만한 대가와 책임을 물으시기 때문이다. 하나님이 종들을 결코 부당하게 대하지 않으신다는 사실에 우리는 마음의 평안을 누린다.

지금까지 목회하면서 하나님은 우리가 하는 사역의 크기를 평가하시거나 작다고 해서 우리에게 불만을 표현한 적이 없으셨다. 하나님의 관심은 우리가 하나님을 사랑하고 진실한 삶을 사는 데 있다. 그러므로 우리는 힘들어도 묵묵히 하나님을 신뢰하며, 하나님께서 기뻐하시는 일을 하며 살아갈 수 있다. 세월이 갈수록 우리는 아무 것도 아니라는 사실을 깨닫는다.

자신은 아무 것도 아니고 모든 것이 은혜인 것을 깨달았던 바울은 고린도교회의 자랑하는 자들에게 "네게 있는 것 중에 받지 아니한 것이 무엇이냐 네가 받았은즉 어찌하여 받지 아니한 것 같이 자랑하느냐."(고전 4:7)라고 묻는다. 어거스틴과 프란시스를 비롯한 역사상 위대한 그리스도인들은 바울이 고린도교회에 제기한 이 질문을 묵상함으로써 결정적인 영향을 받았다. 여기에는 한 가지 대답 "아무 것도 없다."만이 있을 뿐이다. 왜냐하면 우리는 단 하나의 예외도 없이 모든 좋은 것을 은혜로 받았기 때문이다.[135] 이 사실을 아는 사람은 겸손할 수밖에 없다.

우리가 본받기 원하는 바울은 연륜이 쌓일수록 더 겸손해졌다. 주후 56년 고린도교회에 편지를 쓸 무렵 (죽음을 10여 년 앞둔 때 였는데) 그는 "나는 사도 중에 가장 작은 자라…사도라 칭함 받기를 감당하지 못할 자니라."(고전 15:9)고 했다. 이것은 거짓 겸손이 아니라 진실한 고백이었다. 바울이 (죽음을 4-5년 앞둔) 주후 62년에 에베소 교인들에게 "모든 성도 중에 지극히 작은 자보다 더 작은 나에게"라고 자신을 소개한다. 고린도전서를 쓴 이후 바울은 어느 시기보다 일을 많이 했다. 그러나 그는 자신을 이전보다 더 작게 여겼다. 바울의 겸손은 점점 자랐다. 그래서 나이가 들수록 바울의 삶에 임한 하나님의 은혜가 풍성해졌다. 하나님은 예수님의 수제자 베드로도 이해하기 어려워할 만큼(벧후 3:15-16) 바울에게 깊이 계시하셨다.

(생을 마감할 무렵인) 주후 64-66년경 바울은 디모데에게 편지를 보내면서 "미쁘다 모든 사람이 받을 만한 이 말이여 그리스도 예수께서 죄인을 구원하시려고 세상에 임하셨다 하였도다 죄인 중에 내가 괴수니라."(딤전 1:15)고 고백했다. 과거 시제를 써서 "괴수였다."라고 하지 않고 "죄인 중에 괴수"라고 했다. 바울은 평생 위대한 업적을 이루었지만 자랑하지 않았고, 교만하지 않았으며, 사람들에게 칭찬을 기대하지도 않았고, 하나님의 은혜와 긍휼을 잊지

않았다. 나이가 들수록 하나님의 은혜를 더 의존했다. 바울의 태도에는 언제나 이런 고백이 있었다. "나는 무익한 종이다. 오직 명령받은 것을 행했을 뿐이다."[136]

모든 것이 하나님의 은혜이다. 내가 했다고 말할 수 있는 것은 아무 것도 없다. 우리는 무익한 주님의 종에 불과하다. 그러므로 교인이 마치 내 양인 것처럼 수효가 많다고 해서 교만하거나 자랑할 것도 없고, 적다고 비참하게 생각하거나 낙심할 것도 없다.

때로 하나님은 위대한 일을 하라는 소명을 주신다. 하지만 종종 아무 것도 요구하지 않으시거나 작은 사랑의 실천을 명하기도 하신다. 우리는 아무 것도 하지 않거나 작은 일을 할 때에도 큰일을 할 때와 똑같이 하나님의 명령에 복종해야 한다. 테레사 수녀는 위대한 일이 아니라 작은 일을 커다란 사랑으로 행할 수 있을 뿐이라고 했다. 그러려면 위대해지려는 욕망을 버리고 종이 되어야 한다.[137]

이제 우리는 기꺼이 낮아지고자 했던 A. W. 토저 목사가 했던 기도를 함께하기 원한다. 그는 이렇게 기도했다.

> 사랑의 주님, 이제부터 저는 그리스도인들 그 누구하고도 경쟁하지 않겠다고 결심합니다. 그들은 저보다 형통한 복을 누리고 있습니다. 이것은 당연합니다. 저는 그들의 성공을 기뻐합니다. 그들이 저보다 큰 능력을 갖고 있습니다. 이렇게 된 것이 그들이나 저의 뜻이 아니라 주님의 뜻입니다. 이렇게 된 것에 대해

저는 감사할 뿐입니다.

저는 저의 능력이 크든 작든 그것을 주님의 영광을 위해 사용하기 원하며, 또한 그렇게 되기를 기도합니다. 저는 저를 그 누구하고도 비교하지 않을 것입니다. 저의 능력이 다른 사람들보다 앞서는 분야가 있습니까? 그런 것이 있다 할지라도 저는 그것을 내세워 저의 자존심을 세우는 짓을 하지 않을 것입니다. 저의 선천적인 장점을 모두 부인할 것입니다. 저는 무익한 종일뿐입니다.

저는 기쁜 마음으로 그리스도인들의 모임에 가서 그들의 발 앞에서 제가 가장 작은 자라고 인정할 것입니다. 만일 제가 잘못 판단하여 저 자신을 과소평가하는 것이라 할지라도 저는 개의치 않습니다. 저는 다른 사람들을 위해 기도하기를 원합니다. 그리고 그들의 성공이 저의 성공인 것처럼 기뻐해 주려고 합니다.

그들이 주님의 자녀라면, 그들은 또한 저의 형제자매입니다. 왜냐하면 저와 그들 모두 주님의 동일한 자녀이기 때문입니다. 우리는 각각 자기의 일을 감당할 뿐입니다. 한 사람이 심고 다른 사람이 물을 주지만, 결국 자라게 하시는 분은 오직 주님이십니다. 예수님 이름으로 기도합니다. 아멘.[138]

작은 교회에서 끝까지 목회하는 것이 버겁게 느껴지는가? 베드로는 물 위를 걷다가 풍랑을 바라보는 순간 물에 빠졌다. 주위를 돌아보며 다른 교회와 비교하고 경쟁한다면 견디기 힘들어진다. 옆사람을 상관하지 말고 예수님만 따라가자(요 21:22). 우리의 부족한 환경을 바라보며 낙심하지 말자. 예수님은 어떻게 하셨는지 생각해 보자. 예수님은 그 앞에 있는 기쁨을 위해 십자가를 참으셨고, 부끄러움을 개의치 않으셨다. 그렇게 하심으로 하나님 보좌 우편에 앉으셨다(히 12:2). 우리도 예수님만 바라보고 우리의 시선을 예수님께 고정시키자.

이 세상에 내 것은 없다. 모든 것이 다 주님의 것이다. 이런 생각을 하면 집착하지 않고 삶에 초연해진다. 목회도 우리의 일이 아니다. 부활하신 예수님은 베드로에게 목양의 사명을 주시면서 "내 양"이라고 거듭 강조하셨다(요 21:15-17). 목회는 하나님의 일이고 우리는 하나님이 시키는 대로 일해야 하는 종일뿐이다. 많든지 적든지 하나님께서 양들을 맡겨 주시는 만큼 사랑하고 돌보면 된다.

우리는 개척 교회 목회자들에게 단순히 "다 잘될 것이니 하나님을 신뢰하라."고 막연한 희망을 말하고 싶지 않다. 기원전 8-6세기 거짓 예언자들처럼 "모든 것이 잘될 것이다."라고 말하는 것은 현실을 외면한 무책임한 낙관주의요, 오만처럼 느껴진다. 지금은 냉철하게 현실을 직시하고, 우리 자신의 영적 상태와 솔직하게 직면해야 할 때이다.

그렇다면 오늘날 개척 교회 목회자에게 하나님은 어떤 말씀을 하실까? 하나님이 하시는 말씀을 듣기 위해 내 생각을 접고 귀를 기울여 본다. 이런 마음의 음성이 들려온다. '왜 개척 교회 목회자들은 하나님을 신뢰하지 못할까?' 이스라엘 백성은 홍해 앞에서, 광야에서 물이 없었을 때, 가나안 땅 정탐 후 어려운 환경에 굴복하여 하나님을 신뢰하지 않고 원망했다. 그들은 "하나님에 대한 믿음"에서 실패했다. 이러한 실패는 가나안 정탐 후 40년의 유랑으로 이어졌다.

하나님을 의지하는 일에서 멀어지면 안 된다. 우리가 해야 할 일은 날마다 주님과 함께 사는 것이다. 에녹처럼 하나님과 동행하며 사는 것이다. 아브라함처럼 하나님을 신뢰하여 본토 친척 아비 집을 떠나 가나안 땅에 거하는 것이다. 날마다 새벽기도를 하면서, 때로는 금식을 하면서 하나님의 도우심을 간절히 구하는 것은 하나님을 의지하기 때문이다. 우리는 끝까지 하나님을 의지하고 신뢰하며 목회해야 한다.

개척 교회의 현실은 무겁고, 어둡고, 막막하고, 힘들고, 어렵다. 모든 것이 부족하다. 그러나 우리는 힘겹게 개척 목회를 하면서도 하나님을 신뢰하며 의지한다. 하나님으로 말미암아 즐거워하고 기뻐하며 "주 여호와는 나의 힘이시라."(합 3:19)고 고백했던 하박국 선지자처럼 하나님을 신뢰하는 것이 제일 중요하다. 여호수아와 갈렙처럼 "여호와께서 우리를 기뻐하시면."(민 14:8)이라는 자세가 필요하다.

힘을 내서 더욱 충성하자. 선한 싸움을 싸우고 믿음을 지키며 끝까지 달려갈 길을 가자. 그래서 마지막 날에 바울과 같이 "이제 후로는 나를 위하여 의의 면류관이 예비되었으므로 주 곧 의로우신 재판장이 그 날에 내게 주실 것이며."(딤후 4:8)라고 자신 있게 고백하며, 하나님 나라에 들어갈 수 있는 최후 승리자들이 되기를 바란다.

| 프롤로그

1. 앨리스 그레이,『내 인생을 바꾼 100가지 이야기』, 이마리 역(서울: 두 란노, 2002), p.11.

2. 헨리 J. M. 나우웬,『상처 입은 치유자』, 이봉우 역(왜관: 분도출판사, 1985), p.94.

3. 레나 마리아,『해피 데이즈』, 유석인 역(서울: 토기장이, 2001), pp.186-187. 이 책을 쓸 때 레나는 남편과 행복하게 살고 있었다. 그러나 결혼 10년 만에 이혼을 했고, 그 충격으로 2년 동안 해외 공연 요청도 거절한 채 스웨덴에 칩거했다. 레나는 다시 마음을 다잡았다. 그녀의 인생을 거 울삼아 살아가는 많은 장애인들과 그녀의 공연을 통해 마음의 위안을 삼 는 수많은 관객들을 위해 다시 나아가기로 한 것이다. 2007년, 3년 만의 첫 해외공연이 된 한국에서의 공연은 재도약의 시발점이 되었다.

4. http://blog.daum.net/matsy/7170070

5. http://blog.naver.com/PostView.nhn?blogId=gocch&log No=140207995836

6. 양희송, 『가나안 성도 교회 밖 성도』(서울: 포이에마, 2014), p.20.

7. 켄터베리의 아우구스티노(St. Augustinus, ?-604)가 로마에서 건너가 선교활동을 하기 전 영국에 있었던 교회를 가리킨다.

8. 닐 앤더슨, 『내가 누구인지 이제 알았습니다』, 유화자 역(서울: 죠이선 교회, 1999), pp.126-129 참조.

9. 20세기에 접어들면서 첫 십 년간 하나님은 광범위하고 강력한 부흥을 이 땅에 보내셨다. 이 부흥의 불은 유럽과 아프리카, 동남아시아, 북남미, 한국 등 전 세계적으로 활활 타올랐는데 그 발화점으로 하나님은 웨일스를 선택하셨다. 1904년에 일어난 웨일스 부흥으로 약 5개월 동안 10만 명 이상이 구원받는 역사가 일어났다.

10. 로스앤젤레스 외곽 후미진 단층집에서 기도하던 비천한 흑인들에게 성령이 임한 사건이다. 그들을 인도했던 사람은 정규 교육을 받지 못한 순회설교자 윌리엄 시모어(William J. Seymour)였는데 그들이 함께 모여 기도했을 때 혀 모양의 불길, 방언, 신유, 기타 표적들이 나타났다. 이후 그들은 근처 아주사 거리에 위치한 버려진 작은 교회를 임대하여 3년간 집회를 계속했다. 오순절 운동은 아주사 부흥운동에 힘입어 사람들의 주목을 받기 시작했고, 강력한 추진력으로 급속히 확산되었다.

11. 민경배, 『한국기독교회사(개정판)』(서울: 대한기독교출판사, 1982), pp.262-263.

12. 홍성학, 「한국 교회 부흥운동에 관한 역사적 신학적 고찰」(서울기독대학교 신학전문대학원 논문, 2005), p.97.

13. 박용규, 『평양대부흥운동』(서울: 생명의말씀사, 2005), p.647.

14. Chrysostom, *Homilies on the Gospel of Mattew*, p.38. 필립 야콥 스페너, 『경건한 소원』, 엄성옥 역(서울: 은성, 1988), p.58에서 재인용.

15. 제임스 패커, 『당신을 향한 하나님의 계획』, 정옥배 역(서울: 두란노, 2002), p.251.

16. 데이빗 왓슨, 『제자도』, 문동학 역(서울: 두란노, 1997), p.54

17. 같은 책, p.75.

18. 「순복음가족신문」, 2008년 6월 15일자 4면.

19. 한명수, 『승리의 함성보다 더 큰 음성』(서울: 개혁주의신행협회, 2001), p.20.

20. http://blog.daum.net/ksnaun9096/7164045

21. 리처드 포스터, 『돈 섹스 권력』, 김영호 역(서울: 두란노, 2000), pp.85-86.

22. 존 스토트, 『그리스도의 십자가』, 황영철 · 정옥배 역(서울: IVP, 1988), p.56.

23. 오덕교, "지도자들의 자기 관리론(2)", 「목회와 신학」(1993년 5월호), p.109.

24. 김남준, 『자네, 정말 그 길을 가려나』(서울: 두란노, 1999), p.154.

25. 「국민일보」, 2000년 4월 21일자 29면.

26. 김동호, 『깨끗한 부자』(서울: 2001), p.50.

27. 「기독교연합신문」, 2014년 4월 13일자 제1244호.

28. http://blog.naver.com/PostView.nhn?blogId＝inyouwithyou&log No＝10122547759

29. R. F. 호크, 『바울선교의 사회적 상황』, 전경연 역(서울: 대한기독교출 판사, 1984), p. 96.

30. http://cyw.pe.kr/xe/85448

31. http://skyroadtoworld.tistory.com/23

32. http://blog.naver.com/PostView.nhn?blogId＝tanteo&log No＝220013006671

33. 빅터 프랭클, 『죽음의 수용소 · 인간의 존재 의미 탐구』, 정태시 역(성 남: 제일출판사, 1980), pp.164-165.

34. 아돌라르 줌켈러, 『아우구스띠누스 규칙서』, 이형우 역(경북: 분도출 판사, 1990), p.69.

35. 유해무, "삼위 하나님의 교제와 교회의 공동체성", 「목회와 신학」 (1999년 4월호), pp.97-98.

36. 양창삼, "교회의 대사회 이미지, 이대로 좋은가", 「목회와 신학」(2003 년 7월호), p.72.

37. 마이클 그린, 『초대 교회 복음전도』, 박영호 역(서울: 기독교문서선교

회, 1988), pp.382-387 참조.

38. 권문상,『부흥 어게인 1907』(성남: 브니엘, 2006), p.278.

39. 같은 책, p.294.

40. 폴 스티븐스,『참으로 해방된 영성』, 김성오 역(서울: IVP, 2000),
    p.119.

41. http://blog.naver.com/PostView.nhn?blogId=altazor1&log
    No=50160602837

42. 돈 키슬러 엮음,『최고의 개혁 신학자들이 말하는 설교 개혁』, 조계광
    역(서울: 생명의말씀사, 2003), p.17.

43. 같은 책, pp.17-18.

44. 토마스 오덴,「목회신학」, 이기춘 역(서울: 한국신학연구소, 2007),
    p.246.

45. 한경직,『사도 바울에게 배운다』(서울: 기독교문사, 1985), pp.72-82.
    이 책은 1985년 한경직 목사님이 남한산성에서 지내는 동안 그의 손녀
    가 한 목사님이 하신 말씀을 받아 원고를 써서 정리한 것이다.

46. 강준민, "교회개척시 목회자가 지불해야 할 대가들",「목회와 신학」
    (1999년 3월호), p.65.

47. 노만 샤우척 외, 『영성훈련』, 오성춘 · 황화자 역(서울: 대한예수교장
로회총회출판국, 1991), p.56.

48. 찰스 스펄전, 『목회자 후보생에게(1권)』, 이종태 역(서울: 생명의말씀
사, 1982), pp.290-291.

49. 에롤 헐스, 『청교도들은 누구인가』, 이중수 역(서울: 양무리서원,
2001), p.262.

50. 제임스 패커, 같은 책, p.119.

51. 아치발트 하트, 『스트레스와 아드레날린』, 김창용 역(서울: 요단출판
사, 1997), pp.302-303.

52. 월터 C. 라이트, 『대인관계를 여는 사랑의 멘토링』, 정문욱 역(서울:
스텝스톤, 2008), pp.27-28.

53. 허버트 케인, 『선교신학의 성서적 기초』, 이재범 역(서울: 나단,
2002), p.412.

54. 강준민, 같은 책, p.63.

55. 강준민, 『뿌리 깊은 영성』(서울: 두란노, 1998)와 강준민, 『뿌리 깊은
영성으로 세워지는 교회』(서울: 두란노, 1999)를 참조하라.

56. 헨리 블랙커비, 『영적 리더십』, 윤종석 역(서울: 두란노, 2002),
pp.155-156.

57. 김기홍 · 김의석, 『영적 침체, 이렇게 극복하라』(서울: 글로리아,
1998), p.50.

58. 김인중, "개척교회에서 자주 발생하는 문제들", 「목회와 신학」(1999년 3월호), p.75.

59. 같은 책, p.71.

60. 이상대, 『개척 교회를 벗어나는 일곱 가지 방법』(서울: 요단출판사, 1997), p.132.

61. 허버트 케인, 같은 책, p.440.

62. 이성희, "성공목회의 모델, 이렇게 바꾸자", 「목회와 신학」(2003년 7월호), p.110.

63. 강병도, 『호크마 종합주석 요한복음』(서울: 기독지혜사, 1991), pp.535-536.

64. 디이트리히 본회퍼, 『나를 따르라』, 허혁 역(서울: 대한기독교서회, 1990), pp.5-6.

65. 같은 책 pp.24-38을 참조하라. 평양대부흥100주년 대회(2007. 7. 8, 상암경기장)에서 옥한흠 목사님은 설교에서 "교회가 커지면 커질수록 말씀대로 순종하는 행위에는 별로 관심이 없고, 믿음만 가지고 떠드는 값싼 은혜에 안주하기 좋아하는 무리들이 자꾸만 늘어가는 것을 볼 수가 있었습니다."라고 고백했다.

66. A. W. 토저, 『이것이 성공이다』, 이용복 역(서울: 규장, 2005), pp.57-58.

67. 아놀드 A. 델리모어, 『조지 휫필드』, 오현미 역(서울: 두란노, 1993), p.270.

68. 이동원 예화사전 중에서

69. 오스왈드 챔버스,『주님은 나의 최고봉』, 노익 역(서울: 두란노, 2002), 5월 10일 묵상 중에서.

70. 앨리스 그레이,『내 인생을 바꾼 100가지 이야기』, 이마리 역(서울: 두란노, 2002), p.29.

71. 이상훈, "선교적 기동성이 있는 교회",『신학과 선교』(부천: 서울신학대학, 1979), p.251.

72. 토마스 오덴, 같은 책, p.156.

73. 안도현과 아름다운교회 지체들,『작은 교회 큰 이야기』(서울: 예영커뮤니케이션, 2001)를 참조하라.

74. 안도현,『사랑이 있는 마을』(서울: 생명의말씀사, 2009)을 참조하라.

75. 안도현,『아름다운 세상을 위하여』(고양: 해븐, 2013), p.87.

76. 안도현,『우울증, 죽음으로 향하는 다리』(서울: 예영커뮤니케이션, 2003), p.144.

77. 유진 피터스,『성공주의 목회 신화를 포기하라』, 차성구 역(서울: 좋은씨앗, 2002), p.181.

78. 김경재,『그리스도인의 영성훈련』(서울: 대한기독교서회, 1988), p.22.

79. 성 어거스틴,『참회록』, 오병학 · 임금선 역(서울: 예찬사, 1991), pp.183-185.

80. 이종윤,『한국 교회의 종교 개혁』(서울: 엠마오, 1988), pp.14-18.

81. 웨슬리 사업회,『웨슬리총서 Ⅳ(웨슬리의 생애)』(서울: 유니온출판사, 1983), pp.42-43.

82. 웨슬리 사업회, 같은 책, pp.45-49.

83. 이중표,『조국이여 울어라』(서울: 가나안, 1984), pp.40-41.

84. 리처드 포스터, 같은 책, p.256.

85. 한태완 목사 예화 모음(구제) 중에서

86. 로날드 사이더,『이것이 진정한 기독교다』, 김선일 역(서울: IVP, 1997), p.194.

87. 존 맥스웰,『당신 주변에 있는 사람을 키우라』, 임윤택 역(서울: 두란노, 1997), p.19.

3장 우리가 서로 사랑하자

88. 에릭 사우어,『세계 구속의 여명』, 권력봉 역(서울: 생명의말씀사, 1980), p.175.

89. 같은 책, p.176.

90. http://news.khan.co.kr/kh_news/khan_art_view.html?artid=2015012 81612141&code=940100&nv=stand

91. 장명수, "토착화 신학의 한계와 대안에 관한 선교학적 고찰"(연세대학교 연합신학대학원 논문, 2013), pp.78-79.

92. http://blog.naver.com/PostView.nhn?blogId=ppramo&log

No=50162824988

93. 마빈 토케이어, 『성전 탈무드』, 김영옥 역(서울: 청아출판사, 1986),
    p.114.

94. http://blog.daum.net/joobara/3528

95. 버락 오바마, 『담대한 희망』, 홍수원 역(서울: 랜덤하우스, 2008),
    p.56.

96. 미우라 아야코, 『이 질그릇에도』, 김윤옥 역(서울: 설우사, 1976),
    pp.12-13.

97. 같은 책, pp.195-222.

98. C. S. 루이스, 『순전한 기독교』, 장경철 · 이종태 역(서울: 홍성사,
    2001), pp.195-196.

99. http://blog.daum.net/kns8685/15649421

100. http://www.fnnews.com/news/201410281634409507

101. 서중석, 『복음서 해석』(서울: 대한기독교서회, 2007), p.246.

102. 서중석, 『복음서의 예수와 공동체의 형성』(서울: 이레서원, 2007),
     p.217.

103. 허버트 로키어, 『사도』, 안길정 · 이상점 역(서울: 로고스, 1982), p.
     440.

104. 후안 카를로스 오르티즈, 『제자입니까』, 김성웅 역(서울: 두란노,
     1989), p.48.

105. 마더 테레사, 『우리는 사랑을 깨달았습니다』, 박재만 역(서울: 성바

오로, 1997), p.19.

106. 후안 카를로스 오르티즈, 같은 책, pp.55-56.

107. 데이비드 A. 시멘즈, 『탓』, 윤종석 역(서울: 두란노, 1997), pp.144-145.

108. 마빈 토케이어 · 루스 실로, 같은 책, p.126.

109. 박목월, 『밤에 쓴 인생론』(서울: 삼중당, 1979), pp.156-157.

110. http://blog.daum.net/jesus-1025/13413289

111. http://news.kukinews.com/article/view.asp?page=1&gCode=kmi&arcid=0007208159&cp=du

112. http://blog.daum.net/ab162149/16515354

113. http://blog.naver.com/PostView.nhn?blogId=kjbgod68&logNo=220176428784

114. A. W. 토저, 같은 책, p.23.

115. 같은 책, p.194.

116. 마틴 로이드 존스, 『저희도 다 하나가 되어』, 김성웅 역(서울: 기독지혜사, 2002), p.10.

117. 토미 테니, 『하나님의 드림팀』, 윤종석 역(서울: 두란노, 2001), p.19.

118. 강병도, 『호크마 종합주석 사도행전』(서울: 기독지혜사, 1991), pp.75-76.

119. 라비 재커라이어스, 『하나님 어디 계십니까』, 전의우 역(서울: 두란노, 2003), p.80.

120. 래리 크랩, 『영적 가면을 벗어라』, 윤난영 역(서울: 나침반, 1998), p.120.

121. 안도현, 『우울증, 죽음으로 향하는 다리』, p.170.

122. 이규태, 『한국인의 의식구조 1』(서울: 신원문화사, 1983), pp.259-273 참조.

123. 안도현, 『우울증, 죽음으로 향하는 다리』, p.169.

124. 이병희, 『한경직 목사』(서울: 규장문화사, 1982), pp.305-307.

125. 코엘료의 행복 연금술, 「국민일보」 2009년 8월 18일자, p.19.

126. http://cyw.pe.kr/xe/a1/533299

127. 「국민일보」 2015년 1월 27일자, p.29.

128. http://blog.daum.net/kns8685/15649421

129. 염성철, 『상가교회에 희망을 주는 비전교회 이야기』(고양: 해븐, 2010), p.169.

130. http://blog.naver.com/PostView.nhn?blogId=jundo91&logNo=140122799581

131. http://blog.daum.net/lee7j7/7710736

132. http://blog.daum.net/joagnom/12786316

133. 밥 로버츠, "변화된 교회, 변화된 삶을 위하여", 「목회와 신학」(2008년 4월호), pp.44-45.

134. 장성배, "밥 로버츠의 교회론과 선교 이해가 한국 교회에게 주는 교훈", 「목회와 신학」(2008년 4월호), p.57.

135. 오스 기니스, 『소명』, 홍병룡 역(서울: IVP, 2006), p. 323.

136. 존 비비어, 『순종』, 윤종석 역(서울: 두란노, 2002), pp.294-296.

137. 시앙-양탄, 『섬김』, 조계광 역(서울: 생명의말씀사, 2007), p.24.

138. A. W. 토저, 같은 책, pp.270-271.